탈분단경계연구총서 03

경계에서 평화를 찾다
: 유럽·양안·한반도

신한대학교 탈분단경계문화연구원 엮음
구갑우 외 지음

탈분단경계연구총서 03
경계에서 평화를 찾다: 유럽·양안·한반도

초판 1쇄 발행 | 2020년 2월 25일

지은이 | 구갑우 외
엮은이 | 신한대학교 탈분단경계문화연구원
펴낸이 | 박상두
편집 | 이현숙
디자인 | 김성하
제작 | 박홍준
마케팅 | 박현지

펴낸곳 | 두앤북
주소 | 04554 서울시 중구 충무로 7-1, 506호
등록 | 제2018-000033호
전화 | 02-2273-3660
팩스 | 02-6488-9898
이메일 | whatiwant100@naver.com

값 | 16,000원
ISBN | 979-11-90255-05-9 94300
979-11-90255-04-2 94300(세트)

이 도서의 국립중앙도서관 출판예정도서목록(CIP)은 서지정보유통지원시스템 홈페이지(http://seoji.nl.go.kr)와 국가자료종합목록 구축시스템(http://kolis-net.nl.go.kr)에서 이용하실 수 있습니다. (CIP제어번호 : CIP2020006569

탈분단경계연구총서 03

경계에서 평화를 찾다

: 유럽·양안·한반도

두앤북

이 책에 대하여

한반도 평화프로세스는 장기간의 갈등과 대립 속에서 2018년 이후 어렵게 한 걸음 나아갔지만 아직도 본궤도에 오르지 못한 상태이다.

이 책 《경계에서 평화를 찾다: 유럽·양안·한반도》(탈분단경계연구총서 3권)는 전 지구적으로 다양한 경계가 무너지거나 다시 재구성되는 역동성 속에서 한반도 평화프로세스의 새로운 패러다임을 모색하고자 한다. 1부에서는 유럽과 양안관계 속에서의 다양한 경계의 재구성을 살펴본다. 증가하는 이주민과 관련하여 경계의 안보화 현상이 일어나고 있는 유럽, 독일 통일 과정의 경험 속에서 드러나는 새로운 경계, 경제특구를 통해 양안관계의 새로운 경계 구성 등을 다루는 3개의 장으로 구성되며, 이 분야의 해외 전문가들이 집필했다.

2부는 전 지구적으로 벌어지는 다양한 경계의 역동성(1부)을 교훈 삼아, 한반도 평화체제의 새로운 패러다임을 모색한다. 한반도 평화체제의 역사적이고 이론적 쟁점을 안보 딜레마와 연결하여 고찰한 구갑우의 글, 판문점체제의 기원과 변화를 통해 제도적 측면에서 한반도 평화를 제고하는 김학재의 글, 그리고 장기 갈등상태의 남북한 관계에 대한 재고찰을 통해 갈등 해소와 협력의 가능성을 진단하는 장경룡의 글로 구성된다.

차례

II 한반도 평화체제의 딜레마 그리고 미래

I

경계의 역동성과 평화 구축의 과정
: 유럽에서 양안까지

1장

유럽에서 경계의 안보화

질리언 와일리(Gillian Wylie)
트리니티칼리지 더블린, 아일랜드

서론: 만들어지는 국경들

냉전의 종식과 세계화에도 불구하고 우리는 여전히 몇몇 결정적인 방식으로 경계 지워진 세상을 살고 있다. 탈냉전 세계의 역설 중 하나는 1989년 베를린장벽의 붕괴를 피했던 몇몇 강력하고 오래된 국경들과 새로운 국경들이 지속적으로 만들어지고 있다는 사실이다. 엘리자베스 발렛(Elizabeth Vallet)은 2014년 자신의 저서에서 냉전 시기에 형성된 12개의 국경들이 여전히 유지되고 있으며(이들 가운데 대한민국의 국경이 가장 견고하다), 국경 건설과 경계 세우기의 새로운 흐름으로 인해 2만 6,000km에 달하는 배타적 영역이 새로이 추가되었다고 적고 있다. 계속해서, 현재 일어나고 있는 국경 강화의 정도를 포착하기 위해 '세계화의 장성(長城)'이라는 단어를 사용하는 것이 조금도 지나치지 않다고 이야기한다(Vallet 2016 and Roche 2016). 비록 이러한 국경들의 대다수가 오래된 정치적 단층선을 따라 운영되고 있지만, 오늘날 또 다른 상당수의 경계는 부유한 지역과 상대적으로 덜 부유한 지역을 분리하고, 특히 이주를 방지하기 위한 목적을 지닌다.

많은 국가들이 이주를 국가안보의 위협과 결부시키면서 국경의 강화를 정당화한다. 역설은 국경이 불안을 심화한다는 데 있다. 그리고 이러한 불안은 국경을 넘고자 하는 집단과 국경 안에 거주하고 있는 집단 모두에게 영향을 미친다.

이 논문은 이주를 안보 위협과 국경 강화와 결부짓는 국제 담론의 발흥에 대한 검토로부터 시작하여 이러한 사고방식의 결과까지 논의를 전개해나갈 것이다. 논문의 주요 관심사는 이러한 역동들이 오늘날 유럽의 맥락에서 어떻게 작동하고 있는가에 대한 탐색이 될 것이다. 계속해서 필자는 유럽 국가들이 유럽의 국경지대에서 유입되는 불법 이주민들을 퇴치하기 위한 목적으로 이주를 범죄 및 안보문제와 연결짓고 있다고 주장하면서, 이를 증명하기 위해 인신매매의 정치에 관한 필자의 연구조사 결과를 제시할 것이다. 이러한 역동들이 입증되면서 세계화의 분명한 경계에 따라 분리된, 양쪽 경계 모두에 가해지는 '부수적 피해'(Kempadoo, 2015)와 그 핵심에 있는 인간안보와 관련한 국경정책의 사례를 적시할 것이다.

경계의 안보화와 이주의 범죄화

1990년대 이전에는 초국가적 이주가 국민국가에 의해 경제적, 법적, 인도적 대응의 문제로 간주되지 않았으나, 냉전정치의 해빙과 함께 이러한 관점도 변화하기 시작했다. 냉전의 종식은 세계화의 신자유주의모델 확산과 함께 무엇이 안보 위협을 만들어내는가에 대한 기존의 국제적 지식들을 불안정한 것으로 만들었다. 필자가 몸담고 있는 국제관계학계에서도 탈냉전기의 위협은 문명 간 충돌(Huntington, 1996)이나 '불량' 국가들, 테러리스트 집단 같은 비(非)국가, 비(非)인습적 행위 주체(actors)들에 의해 야기될 것으로 예견되었다. 이와 동시에 국제연합(UN)의 '인간안보(Human Security)' 개념에 대한 논의와 함께 나타난, 유사하지만 역설적 담론은 안보가 지시하는 대상이 국민국가에서 국민으로 전환했음을 제안하는(Newman and Richmond, 2001) 상이한 관점을 소개했다. 따라서 안보에 관한 탈냉전의 정치적 사고는 위협이나 그에 대한 적절한 대응을 규명하는 데서 동일하지 않다. 그러나 새로운 실존적 위협을 규명하고 그에 대한 안보화, 즉 무장화하거나 배제적 대응을 제시하는 경향(Gerard, 2014: 39)이 안보와 관련한 인본주의적 사고보다 더 뚜렷해지고 있다.

탈냉전 이후의 또 다른 특징으로, 세계화가 진행되면서 경제적, 문화적, 심지어 정치적으로 예전의 국경에 의한 구속이 약화되고 있다는 생각을 들 수 있다. 하지만 국경 없는 세계화의 잠재적 가능성 역시 안정된 정체성과 국민국가의 이권에 도전한다는 측면에서 위협적인 것처럼 보인다. 따라서 세계화의 경제적, 재정적 유익이 선진국들을 매혹시켰음에도 불구하고, 사람들의 자유로운 이동을 허락하는 [경제적 이동과] 동일한 요소로 구성된 논리에 대해서는 정치적 반감이 생겨났다. 결과적으로 세계화의 '거대한 모순'이 발생했는데, 바로 자본과 금융의 자유에 대한 개방성이 사람들의 자유로운 이동, 특히 북반구와 남반구 간 이동을 방지하기 위한 결정을 만들어냈다는 것이다(Munck, 2008). 이주, 특히 불법이주, 망명과 난민 유입을 통제하기 위한 움직임은 국민국가들이 현재 자신들의 경제적, 재정적 국경에 행사하고 있는 통제의 결여에 대한 반응으로 볼 수 있다. 사람들은 가장 통제하기 어려운 혹은 통제가 불가능한 대상이다(Baumann, 2004).

결과적으로 이주는 점점 더 안보 위협과 국경지대에 대한 잠재적 범죄라는 틀에서 파악되고 있다. 법적 관점에서 아그네스카 쿠발(Agnieszka Kubal)은 이주의 범죄화가 지난 10년간 '미증유의 관심'을 받아왔다고 지적하면서, 국가들이 이주를 처리하는 방식이 민사소송에서 형사소송의 영역으로 전환되면서, 불법과 구류, 추방, 국경 검문 등의 문제들이 강조되고 있다고 주장했다(Kubal, 2014). 쿠발의 지적처럼 이 모든 현상들의 영향력은 실행이라는 측면에서만큼 상징적으로도 중요하다. 이는 일반 대중의 생각 속에 이주를 범죄와 연결지으면서 이주민들(그들의 '법적' 지위와 무관하게)을 낙인찍고 무기력하게 만든다.

이주에 대한 안보화의 증가와 동반되어 나타나는 현상은 통합, 기술적 향상과 국경 통제의 지리적 한계를 초월하는 확장이 있다. 이러한 현상들에는 앞서 언급했던 견고한 장벽과 울타리들(물론 거기에 한정되는 것만은 아니다)에 대한 국제적 확산뿐 아니라, 비자발급 강화, 감시를 위한 첨단기술(예를 들어 생체정보), '운송 규제(carrier sanctions)', 새로운 국가에 도착한 이주민들에 대한 지속적인 범주화, 감시감독과 잠재적 추방 등의 형태로 이주에 대항하기 위해 만들어진 관료주의적 국경들도 포함된다(Gerard, 2014).

이주를 안보 및 범죄 통제의 문제로 설명하는 특정 사례 중 하나로 인신매매 문제와의 연결을 들 수 있다. 인신매매는 지난 20년간 국제적인 주요 쟁점으로 부상했으며, 국제적, 지역적, 국내적 맥락에서 명백히 드러나는 법적, 정치적 설계를 동반했다. 많은 방관자들에게 인신매매를 불법화하는 것에 대한 관심은 매매업자들에 의해 인간이 기만당하고, 옮겨지고, 착취될 수 있다는 생각과 이에 대한 반대로부터 파생된다. 이러한 관점에서 인신매매는 인권 침해로 파악된다. 그러나 전술한 바와 같이 이주가 안보화하고 범죄화하는 방향으로 변화하고 있다는 보다 확대된 맥락에서 인신매매를 파악하고자 할 때, 2000년 UN '팔레르모 의정서'에서 정의한 인신매매의 최신 개념을 떠올려보는 것이 유용할 수 있다. 의정서의 인신매매 정의는 현재 '범죄'적 행위를 포착하기 위해 [반드시] 참고해야 하는 자구가 되었다. 의정서는 인신매매를 성(性) 착취, 강제노동 또는 장기 적출 등을 포함하는 착취를 목적으로 위협, 무력행사, 강박, 사기, 기만 등을 통해 사람을 운송, 이송(반드시 국경을 건너야 하는 것은 아니다)하는 행위로 정의한다(UN Treaty Collection, 2000). 사람, 특히 이주민에 대한 권력의 남용을 막기 위한 결정이 인신매매에 대한 국제적 관심의 핵심인 것처럼 보인다. 그러나 결정적으로 '팔레르모 의정서'는 UN의 초국가적 조직범죄 방지협약에 포괄된다. 협약에는 두 가지 프로토콜이 더 존재하는데, 하나는 불법무기 거래에 대한 것이고, 다른 하나는 밀입국에 관한 것이다. 이는 수많은 전문가들이 지적하고 비판했듯이, 애초에 국가가 안보, 법, 질서와 관련해 자신들의 이익을 추구하기 위한 도구로 협약과 프로토콜을 사용할 수 있다는 점을 의미한다. 밀매방지 프로토콜은 인권을 위한 도구가 아니며, 프로토콜이 제공하는 보호는 실제 피해자들에게는 대단히 미약한 것이다(Gallagher, 2001). 대신 프로토콜은 조직적 범죄와 인신매매에 대응하기 위한 핵심 수단으로 국경 통제의 강화에 머물러 있다. '팔레르모 의정서'는 제네바 소재 UN범죄통제위원회에서 11차례에 걸친 임시(ad hoc)위원회의 회의를 통해 발전했다. 의정서의 족보는 2000년 최종 프로토콜의 완성에 이르기까지 초안에 초안을 거치며 기소적(prosecutorial) 국경 통제 기제에 대한 끝없이 긴 목록을 만들어냈음을 보여준다(Wylie, 2016).

'팔레르모 의정서' 완성의 내막에서 발견되는 또 하나의 흥미로운 요소는 여성주의 로비스트들의 떠들썩한 존재다. 이들은 여성과 아동의 성매매를 방지하고 기소하기 위한 특정 입장과 조치들을 수용하도록 각국 대표들을 압박한다. 로비스트들 간에 분명한 의견 차이가 존재하고 있지만, 특히 강력한 관여는 매춘 방지, 신(新)노예해방주의 여성주의자들로부터 나오고 있다. 이들은 성을 구입하려는 남성들의 요구를 범죄화하는 것을 매매방지의 수단으로 주장한다. 이러한 움직임은 일부 페미니스트들의 입장 변화를 보여준다. 즉, 매춘에 대한 대응으로 사회적 복지나 정의를 찾는 대신, 엘리자베스 번

스타인(Elizabeth Bernstein)이 사용한 것처럼, 여성주의의 목적으로 형사법적 수단을 옹호하는 '감금을 목적으로 한 페미니스트(carceral feminist)'의 접근으로 이동한 것이다(Bernstein, 2010).

결과적으로 '팔레르모 의정서'를 통해서, 그리고 의정서 이래로 국가와 페미니스트 로비스트들은 인신매매에 대한 범죄화 혹은 '법과 질서 [혹은 치안]'적 접근을 추구하고 있다. 논의를 확장하면, 인신매매와 초국가적 조직범죄를 통합하는 것은 '매매업자' 혹은 '밀매업자'로 간주되는 사람들을 대중의 머릿속에 조직화된 범죄의 위협으로 자리 잡게 만들어 국가로 하여금 이들에 대한 안보 대응을 합법화할 수 있도록 한다.

밀리보예비치와 피커링(Milivojevic & Pickering, 2013)은 인신매매가 다음의 세 가지 핵심 요인, 곧 여성의 취약성, 남성의 범죄성, 이주의 국가안보에 대한 위협에 의해 발생했으며, 현재 전 세계적 인신매매방지 복합(complex)을 설명하기 위한 세 기둥은 이에 대한 반응이자 대응이라고 깔끔하게 정리했다.

발렛의 '세계화의 장성(長城)'은 우리로 하여금 이러한 현상들이 전 세계적으로 나타나고 있음을 환기시킨다. 비록 이 논문의 초점은 유럽적 맥락에 있지만, 이주의 안보화는 인류 역사 이래 그 어느 때보다 강력히 천명되고 있으며, 특히 지난 2년 동안 유럽에 입성하려는 이주민들에 대한 위기감과 함께 더욱 분명해졌다는 사실을 환기시킨다. 이러한 이주의 안보화와 국경 통제의 역동이 유럽연합(이하 'EU')에서 작동하는 방식은 특히 이주의 안보화와 국경 통제를 합법화하는 수단으로 인신매매방지 담론을 사용하는 것과 연결하여 다음 내용에서 구체적으로 다룰 것이다.

이주민 위기에 대한 유럽의 응답(2015-2016)

제프 후이스만스(Jeff Huysmans)의 〈유럽연합과 이주의 안보화(The European Union and the Securitization of Migration)〉(2000)라는 논문은 유럽적 맥락에서 이주를 안보 위협으로 다루는 경향에 대한 최초의 분석이다. 후이스만스는 유럽 내 시장의 완성과 셴겐조약(Shengen Agreement)의 형성이 필수적인 구성 요소라고 주장했다. 내부 국경의 폐지는 외부 국경에 대한 통제의 필요를 촉발했고, 단일 유럽시장과 내부 이동의 사회-경제적 프로젝트는 안보에 관한 것으로 확장되었다. 내부 결합의 공고화는 '외부로부터의 위험을 구상'하고, 셴겐조약이 명백하게 이민을 '테러리즘, 초국가적 범죄 및 국경 통제'와 연결시킨 것과 함께 이주를 '공공질서, 문화적 정체성과 노동고용시장 안정에 대한 위험'으로 제시하는 대가를 치르고 나서야 이루어졌다(Huysmans, 2000: 756). 2015년부터 2016년까지 정치인들은 계속해서 이주를 이러한 현상들과 연결지었기 때문에 우리가 시간 왜곡 현상에 갇혀 있는 것처럼 보일 때도 있다. 하지만 안보화 담론이 유럽 내부의 통합을 만들어내기 위한 것이라 하더라도 이러한 현상은 예전보다 지금이 훨씬 더 의심스럽다(예를 들어 우리가 영국의 브렉시트 투표 결과를 받아들인다면). 지난 2년간 [특별히, 전적으로는 아니지만] 시리아, 아프가니스탄, 에리트레아와 수단으로부터 유입된 수많은 사람들에 대한 유럽의 반응은 엇갈린다. 몇몇 국가와 시민들은 우선적으로 관대하게 행동하는 반면, 다른 국가들은 국경을 폐쇄하고 난민쿼터제 분담을 거절한다. 정치적 압력과 이주와 테러리즘(예를 들어 파리 공격과 같은) 혹은 이주와 정체성에 대한 위협(예를 들어 2016년 여름의 '부르키니burkini' 논쟁) 간에 만들어지는 연결 고리들이 증가하면서 안보화 담론과 국경 폐쇄 등이 나타나고 있다.

이러한 맥락에서 인신매매를 유럽 안보에 대한 위협으로 규정하는 것은 이주를 치안과 퇴치를 필요로 하는 범죄로 취급하는 경향에 대한 예증이 된다. 2015년 범유럽 기구들과 개별 정부들의 성명서로부터 이주에 대항하는 치안이나 군사적 배치를 정당화(justification)하기 위해 사용한 밀매방지 표현의 극명하고 무수한 사례들을 추출해낼 수 있다.

2015년 봄으로 돌아가면, 유럽의회는 '밀매업자들에 대해 강력히 맞서고, 불법이주의 흐름을 차단하고, 내부 유대와 책임감을 강화하기 위해 해양에서의 EU의 존재를 강화한다'고 천명했다. 의회는 또 리비아 해안 부근에서 밀매업자와 불법매매업자들로 '의심되는 보트들을 격퇴'하는 군사공작에 필요한 정보 수집에 착수하기 위해 UN안전보장이사회와 리비아로부터 동의를 구할 것인지 여부를 고려했다(European Parliament at a Glance, 2015).

2016년 초까지 북대서양조약기구(이하 'NATO') 회원국인 EU국가들은 터키의 지중해에 3척의 해군 함정을 보내는 데 동의했다. 여기에는 두 가지 목적이 있었는데, 하나는 보트에서 구조된 이주민들을 터키로 돌려보내는 것이었고, 다른 하나는 배들의 움직임을 감시해 '그리스와 터키의 정부 관계자들에게 정보를 제공하고 [이들로 하여금] 이주 위기에 기름을 부을 수 있는 인신매매와 범죄 조직들을 격파할 수 있도록 도움을 주기 위한' 것이었다(Deutsche PResse-Agentur, 2016). 국제이주기구(International Organization for Migration, 이하 'IOM')는 이러한 인신매매와 이주민들의 어려운 환경 간의 연계를 잘 보여준다. IOM 대변인은 "이탈리아에 도착한 이주민들은 종종 대단히 열악한 조건에 놓이며, 리비아에 있는 밀매업자들의 범죄의 표적이 된다. 더욱이 여성들은 인신매매의 대상이다"라고 보고했다(Mailonline, 2016). 이는 다시 한 번 이주에 관한 젠더화된 가정을 드러내 보여준다. 여성들이 인신매매의 피해자일 수 있는 반면, 남성들은 밀매의 대상이 된다. 유럽형사경찰기구(이하 'Europol') 역시 'EU로 난민들의 유입을 돕는 조직화된 밀매단과 이들을 성매매와 노예로 착취하는 인신매매단 간의 불온한 교차'에 대해 지적했다(The Observer, 2016).

유럽의 정부들 가운데서도 특히 빅토르 오르반(Victor Orban) 치하의 헝가리 정부는 이주에 맞서 무장 대응을 합법화하는 수단으로 인신매매라는 이슈를 사용하는 것에 목소리를 높여왔다. 이 정부는 이주, 테러리즘, 국가안보에 대한 위협 사이의 추정적인 관계를 빈번하게 공적으로 사용해왔다(Nagy, 2015). 당연한 결과로 헝가리 정부는 EU국가들 가운데 가장 먼저 이주민들에 맞서 강력한 물리적 수단을 동원해 국경을 차단하기로 결정한 나라가 되었다. 헝가리의 국경 울타리는 4m 높이의 철조망으로 헝가리의 국경과 크로아티아, 세르비아에 걸쳐 있으며 길이는 300km에 이른다. 오르반 총리와 그의 정부 인사들은 국경에 대해 이야기할 때마다 국경이 수행하는 두 가지 기능에 초점을 맞춘다. 헝가리와 유럽을 이주에 따른 범죄로부터 지키고, '기독교' 문화를 이방의 영향으로부터 지키는 수단이라는 것이다. 철조망을 정당화하면서 오르반 총리는 종종 그리고 구체적으로 [철조망의] 유용성을 인신매매방지 장치로 언급한다. 예를 들어 울타리를 인신매매범들을 막거나 붙잡을 수 있는 수단이라고 하면서 타인의 생명과 운명을 가지고 장사를 하는 범죄자들에게 헝가리는 이들이 받아 마땅한 엄격한 처벌을 가할 것을 약속한다고 주장한다(NBC News, 2015). 2016년 초에는 울타리를 더 연장할 것을 제안하면서 이러한 결정이 "브뤼셀, 인신매매업자, 이주자들에게 헝가리가 자주적인 독립국가임을 가르쳐줄 것"이라고 역설했다(Associated Press, 2016).

오르반 총리는 헝가리와 유럽으로 유입되는 이주자들을 막으려는 본인의 의도를 정당화하기 위한 부기맨(Boogeyman. 아이들을 겁줄 때 쓰는 귀신의 일종)으로 인신매매의 불안을 가장 노골적으로 사용하는 사람일 것이다. 그러나 이러한 언사는 전술한 바와 같이 EU, NATO, Europol과 IOM에 의해서도 빈번히 호출된다. 해당 이슈와 관련한 언론보도와 공식문서에서도 인신매매와 밀매를 결합하고, 이 둘을 범죄와 연결하고, 밀매업자와 인신매매업자들을 초국가적 조직범죄의 '민간인 악마들'(Dagistanli and Milivojevic, 2013, 237)로 그리면서 유럽 안보에 대한 위협으로 몰아가는 경향이 눈에 띄게 발견된다. 인신매매업자, 밀매업자로 분류된 사람들과 그들의 활동들 너머의 복잡한 현실에도 불구하고 이러한 짜맞추기는 쉽게 달성된다.

'(자신의 표현대로라면) 불법여행가'이기도 했던 샤람 코스라비(Sharam Khosravi)는 불법이주를 주선해서 이윤을 얻는 모든 사람을 간편하게 범죄자로 분류해서는 안 된다는 점을 상기시킨다. 이들의 일부는 가족이기도 하고, 일부는 사람들에게 필요한 서비스를 제공해주고 있다는 것이다(Khosravi, 2011). 우리는 윤리성이나 그들의 행위에 입각해 판단을 내리지만, 유럽 내에서 입국이나 통과를 용이하게 해줄 수 있는 사람들에 대한 이주민들의 의지와 호소는 정상적이고 안전한 이주 경로가 결여되어 있다는 사실 하나만으로도 충분히 가중될 수 있다는 점은 의심의 여지가 없을 것 같다.

그런데 이러한 [이주에 관한] 영웅적인 이야기의 기이한 왜곡 속에서, 2015년과 2016년 사이에 유럽을 횡단하는 난민들에게 도움을 준 인권활동가들과 자원봉사자들마저 인신매매법으로 기소당했다. 한 예로, 덴마크의 전직 아동 행정감찰관 리스베스 조니그(Lisbeth Zornig)는 시리아 난민 가족을 차량으로 이동시켜주고 나서 인신매매 혐의로 벌금형에 처해졌다. 이렇게 인신매매금지규범은 국가가 사람들의 초국가적 이동(Geiger and Pécoud, 2013)을 길들이는 수단일 뿐 아니라, 리스베스 조니그의 말대로 '예의(decency)를 범죄화'하는 방식으로 시민들을 훈육하는 도구가 되었다.

2016년 여름에는 인신매매, 안보 위협, 군사적 대응을 이주와 더욱 결속시키는 양상이 나타났다. EU는 IS(Islamic State, 이슬람국가. 다에시Daesh로도 불림)로 유입되는 무기밀매와 인신매매 근절을 목적으로 리비아에 대한 해군 파견을 증강하려고 국제연합의 허가를 구했다. 해군 함정은 상술한 두 가지 선적물을 운송한다고 의심되는 선박들을 수사할 수 있는 권한이 있다. 프랑스 외교부 장관은 "우리는 이주민들을 착취하고, 이들의 비극과 고통을 이용하는 불법매매업자들에 대해서, 또 다에시를 위해 무기를 밀매하는 세력들에 대항하여 반드시 행동해야만 한다"(로이터통신, 2016년 6월 20일)고 선언했다.

인신매매범, IS와 테러리즘을 동시에 한 문장 안에서 언급하는 것은 이주 위기에 대해 계속적으로 증가하는 무장 대응에 새롭고 공감되는 합리화를 제공한다. 그러나 앞으로 논의를 전개해나가겠지만, 카말라 켐파두(Kamala Kempadoo)의 지적처럼 인신매매방지정책의 안보화가 결과적으로 국경에 대한 순찰과 무장을 강화하는 방식으로 나타남으로써 이주자들에게 '부수적 피해'를 입힌다.

국경 통제의 '부수적 피해'와 인도적 안보의 인정

인신매매 담론에 대해 비판하는 사람들은 오랫동안 그러한 담론이 이주자들에게 '부수적 피해'를 줄 수 있다고 지적해왔다. 예를 들어 이러한 비판의 목소리들 가운데 브리짓 앤더슨(Bridget Anderson)은 최초로 극소수의 착취당하는 (여성)이주자들을 '인신매매 피해자'로 단단히 묶어버리는 편협한 범주화가 불법이주자들 사이에 정부가 제공하는 관심을 받을 '자격이 있는' 집단과 '자격이 없는' 집단 간의 차별을 만들어낸다고 지적했다. 아무튼 현재의 맥락에서 유럽으로의 대량 이주를 인신매매 범죄와 결합하는 것은 이주민들을 차단하고, 거절하고, 군사적 대응을 취하는 방식으로 정책이 계획되도록 하고 있다. 이주민들이 겪는 부수적 피해 역시 폐쇄된 그리스와 마케도니아 국경지대인 '영혼의 창고'(Tsipras, 2016)에 발이 묶이거나 유럽으로 진입하기 위한 더 절박한 경로로 떠밀려가는 것을 포함한다.

이미 언급했듯이 국제관계학에서 '새로운 안보 위협'(종종 이주를 포함함)을 논의하는 경향은 탈냉전과 관련해 만연해 있었다. 이러한 논의들은 종종 '인간안보' 개념의 핵심에 자리하고 있는 관점, 곧 안보정책은 정치적 복합체가 아니라 사람의 안전을 최우선순위에 두어야 한다는 생각에 어두운 그늘을 드리웠다. 현재의 대량 이주 상황에서 필자는 불안을 경험하면서 이동 중에 있는 사람들을 우선순위에 두어야 한다고 제안한다.

'유럽의 이주 위기'라는 말은 실제 위기 상황에 놓인 사람들이 강제적으로 이주당하는 입장에 있는 사람들일 때 부적절한 것이다. 유럽은 인도주의의 문제에 직면하고 있으며, 분명히 이 문제를 해결할 수 있는 자원이 있으므로, 반드시 행동을 취할 것을 결단해야 한다. 이주자들은 전쟁, 테러, 빈곤 등에 의해 이주를 강요당하면서 근본적인 인간의 존재적 불안을 경험하고 있다. 그러나 유럽의 대응은 점점 더 이들을 유럽의 안보를 위협하는 존재로 취급하는 방향으로 나아가고 있다.

내 동료인 트리니티칼리지더블린(TCD) 간호대학의 핀탄 쉬린(Fintan Sheerin) 박사는 최근 프랑스 북부의 칼레에 위치한 '정글'캠프를 방문했다. 그는 프랑스 정부가 해당 난민캠프에 제공하고 있는 유일한 대응이 위생, 식료품, 주거지와 같은 인간의 기본적 필요에 대한 것이 아닌 치안이라는 사실에 충격을 받았다. 이러한 상황에서 유발되는 즉각적인 압박감과 스트레스는 후이스만스가 지적한 이주를 안보 위협으로 취급하는 양상과 함께 장기적으로 이주자들을 새로운 맥락에 통합시키는 것을 훨씬 더 어렵게 만들고 있다. 게다가 이주자들을 안보 위협이라는 틀에 가두는 것은 [이들을] 수용하는 사회 구성원들의 인간성에도 영향을 미치는데, 곧 '예의(decency)를 범죄화'함으로써 사회 구성원들 안에서 공포정치의 강화 및 포퓰리스트와 우익정치의 합법화가 나타나게 한다.

결론: 우리가 할 수 있는 다른 일들

국경의 강화, 새로운 장벽의 건설, 범죄 행위로 이주를 가로막는 것과 인신매매를 안보 위협과 연결짓는 수사는 모두 탈냉전 세계의 특징들이다. 수상한 사실은 우리가 현재 경계가 확장되는 세계에 살고 있다는 것이다. 그리고 이 경계는 이방의 이주자들을 계속해서 해안가에 묶어두도록 설계되고 있는 새로운 정책들과 물리적 경계들이라는 의미에서도 확장되고 있다. 하지만 안보[의 정의]를 모든 사람을 위한 물리적이고 실존적인 열망으로 이해할 때, 이러한 방식은 모두를 위한 안보[의 개념]를 상실하게 된다.

마무리하면서 다음의 질문을 던지는 것은 의미 있을 것이다.

"현재 유럽을 향해 이동 중에 있는 불안한 사람들의 현실에 대한 보다 윤리적이고 실질적인 대응은 무엇일까? 안보화나, 이주자들을 범죄화하고 '유럽을 요새화'하기 위해 국경을 최대한 높이고 단순히 문제를 쌓아두는 일 말고 할 수 있는 다른 일들은 무엇일까?"

2015년 〈아이리시타임스(Irish Times)〉에서 논설주간 핀탄 오툴(Fintan O'Toole)은 국경을 완전히 폐지할 것을 주장하지 않으면서도 이주 위기에 관해 다음의 세 가지 제안을 내놓았다.

1) 현재 이동 중인 수많은 사람들의 필요에 대처하기 위한 국제적 협조 전략
2) 이주 반대의 수사(rhetoric)를 설파하기보다 안정적이고 인도적인 방식으로 국민들을 설득하려는 유럽 정부의 노력
3) 대량 이주의 장기적이고 구조적인 원인이자 군사 개입을 통해 서방 세계가 나머지 세계들에 부추긴 전쟁, 국제 빈곤, 기후변화 및 수많은 위기들에 대한 정부의 설명

이러한 제안들은 이주에 대한 정치적 대응이 전무후무하게 악의적인 현 시점에서 더욱 적절해 보인다. 그리고 필수적 전환에서 중요한 이들 요소는 국경 통제와 이주를 둘러싼 정치적 담론들의 방향을 현재의 안보화와 범죄화

로부터 인간안보, 인류의 공통된 인간성과 분쟁 해결로 전환하는 방식을 통해 달성될 수 있을 것이다.

- AP(Associated Press), 2016, Hungary's Orban: EU Leaders Don't Want to Stop the Migrants, 28 February 2016, http://bigstory.ap.org/article/d7fb79783f73486d957a1e3a83a00221/hungarys-orban-eu-leaders-dont-want-stop-migrants, date accessed 29 February 2016
- Baumann, Z., 2004, Wasted Lives: Modernity and its Outcasts, Cambridge: Polity
- Bernstein, E., 2010, 'Militarized Humanitarianism Meets Carceral Feminism: the Politics of Sex, Rights, and Freedom in Contemporary Anti-trafficking Campaigns', Signs, 36, 1, 45-72
- Dagistanli, S. and Miliojevic, S., 2013, 'Appropriating the Rights of Women: Moral Panics, Victims and Exclusionary Agendas in Domestic and Cross-borders Sex Crimes', Women's Studies International Forum 40, 230-242
- Deutsche Presse-Agentur, 2016, NATO Anti-migrant Smuggling Mission will Return People to Turkey, http://www.nexis.com.elib.tcd.ie/results/enhdocview.do?docLinkInd=true&ersKey=23_T23579116860&format=GNBFI&startDocNo=1&resultsUrlKey=0_T23579120745&backKey=20_T23579120746&csi=144245&docNo=5, date accessed 28 February 2016
- European Parliament at a Glance, 2015, EU Mounts New Maritime Operation to Tackle Mediterranean People Traffickers, http://www.

europarl.europa.eu/RegData/etudes/ATAG/2015/559489/EPRS_ATA%282015%29559489_EN.pdf, date accessed 29 February 2016

- Gallagher, A. T., 2001, 'Human Rights and the New UN Protocols on Trafficking and Migrant Smuggling: A Preliminary Analysis', Human Rights Quarterly 23, 975-1004.
- Geiger, M. and Pécoud, A., 2013, Disciplining the Transnational Mobility of People, Basingstoke: Palgrave MacMillan
- Gerard, A., 2014, The Securitization of Migration and Refugee Women, London: Routledge
- Huntington, S., 1996, The Clash of Civilizations and the Remaking of World Order, New York: Simon and Schuster
- Huysmans, J., 2000, 'The European Union and the Securitization of Migration', Journal of Common Market Studies, 38, 5, 751-777
- Kempadoo, K., 2015, 'The Modern-Day White (Wo)Man's Burden: Trends in Anti-Trafficking and Anti-Slavery Campaigns', Journal of Human Trafficking, 1, 1, 8-20.
- Khosravi, S., 2011, Illegal' Traveller: an Auto-ethnography of Borders, Basingstoke: Palgrave MacMillan
- Kubal, A., 2014, 'Struggles against Subjection. Implications of Criminalization of Migration for Migrants' Everyday Lives in Europe', Crime, Law and Social Change, 62:91-111

▪ Lynch, S., 2015, 'New EU Military Mission will Target and Destroy Boats used by Migrant Traffickers', Irish Times 19 May 2015
▪ Mail Online, 2016, More than 100,000 Migrants have already Reached Europe this Year, Official Statistics Show... A Landmark that was not Reached until July Last Year, http://www.nexis.com.elib.tcd.ie/results/enhdocview.do?docLinkInd=true&ersKey=23_T23583035815&format=GNBFI&startDocNo=0&resultsUrlKey=0_T23583035817&backKey=20_T23583035818&csi=397135&docNo=9, 29 February 2016
▪ Milivojevic, S. and Pickering, S., 2013, 'Trafficking in People, 20 Years On: Sex, Migration and Crime in the Global Anti-Trafficking Discourse and the Rise of the 'Global Trafficking Complex'', Current Issues in Criminal Justice, 25, 2, 585-604
▪ Munck, R., 2008, 'Globalisation, Governance and Migration: an Introduction', Third World Quarterly, 29, 7, 1227-1246
▪ Nagy, B., 2015, 'Securitization and Schizophrenia: Hungary's Unfortunate Departure from Reality', paper presented at Forced to Flee: Conflict in Syria and the Movement of People, conference in Dublin City University, Institute for International Conflict Resolution and Reconstruction, 18 November 2015
▪ NBC News, 2015, Hungary's Latest Barrier Against Migrants: Razor-

Wire Train Car, http://www.nbcnews.com/storyline/europes-border-crisis/hungarys-latest-barrier-against-migrants-razor-wire-train-car-n426956, date accessed 26 February 2016

- Newman, E. and Richmond, O., (eds.), 2001, The United Nations and Human Security, Basingstoke: Palgrave
- Roche, J-J., 2016, 'Walls and Borders in a Globalized World: The Paradoxical Revenge of Territorialization' in E. Vallet (ed.), Borders, Fences and Walls: States of Insecurity, London: Routledge: chapter 6
- The Observer, 2016, 10,000 Refugee Children are Missing, says Europol; The EU's Criminal Intelligence Agency Warns Pan-European Gangs are Targeting Minors for Sex Abuse and Slavery, http://www.nexis.com.elib.tcd.ie/results/enhdocview.do?docLinkInd=true&ersKey=23_T23583035815&format=GNBFI&startDocNo=26&resultsUrlKey=0_T23583116289&backKey=20_T23583116290&csi=143296&docNo=26, date accessed 29 February 2016
- UN Treaty Collection, 2000, Protocol to Prevent, Suppress and Punish Trafficking in Persons, Especially Women and Children, supplementing the United Nations Convention against Transnational Organized Crime New York, 15 November 2000, United Nations Treaty Collection, https://treaties.un.org/Pages/ViewDetails.aspx?src=TREATY&mtdsg_no=XVIII-12- a&chapter=18&lang=en,

date accessed 20 February 2016

- Vallet, E. (ed.), 2016, Borders, Fences and Walls: States of Insecurity, London: Routledge
- Wylie, G., 2016, The International Politics of Human Trafficking, London: Palgrave

2장

독일 통일 과정의 경험
: 28년 후 대차대조

요헨 프란츠케(Jochen Franzke)
포츠담대학교, 독일

독일 통일 과정의 경험을 살펴보는 이 글은 7개의 절로 구성된다. 먼저 1절은 1989년부터 1990년 사이에 동독에서 일어난 평화적 혁명의 특징을 정치학적 시각에서 다룬다. 2절은 이 시기에 통일을 가능하게 했던 대안으로서의 헌법적 방법들을 분석하면서 독일민주공화국(GDR, 동독)이 독일연방공화국(FRG, 서독)으로 통합된 주요 원인들을 살펴본다. 3절에서는 독일민주공화국의 행정체제 차이로 인한 독일 통일의 결과들을 간략하게 설명한다. 4절은 독일민주공화국의 정치·행정 구조들을 광범위하게 인수(이미 만들어진 준비된 제도로의 통합)함으로써 독일연방공화국으로 통합한 점을 분석한다. 5절은 통일 28년 후 과도기의 균형을 살펴보고, 통일의 성과와 아쉬운 점을 다룬다. 6절에서는 동독 시민사회의 발전을 설명하고, 7절에서는 독일에서 여전히 진행 중인 통일 과정에 관한 중간 결론과 함께 긍정적인 전망을 제시한다.

1

1989-1990년 동독에서 일어난 평화혁명운동의 특징

독일은 수세기 동안 여러 주들이 느슨하게 연합한 연방국가로서의 오래된 전통을 지녔다. 이러한 독일이 처음으로 하나의 독일, 완전체로서 모습을 갖춘 시기는 1871년에서 1945년까지였다. 제2차 세계대전을 일으킨 독일은 1945년 3월 9일 항복문서에 서명하고, 미국, 영국, 프랑스, 소비에트연방의 연합국들에 국가 권력을 양도하고, 결국 1949년에 두 개의 독일로 분리되는데, 서구의 민주주의를 채택한 독일연방공화국(서독)과 소비에트연방이 지배한 동유럽의 일부였던 독일민주공화국(동독)이었다. 1990년은 두 개의 독일이 '하나의 국가'로 통일된 두 번째 시기였다. 1990년대 초반에 이루어진 독일 통일의 도화선은 1989년 가을에 시작된 독일민주공화국에서의 평화혁명이었다.

1980년대에 공산주의 독재체제하에 있던 독일민주공화국은 내부에 잠재된 정당성(합법성)의 위기와 강력한 외부 압력을 받고 있는 상태였다(Merkel, 1999: 430). 여기에 경제 상황이 계속 나빠지고, 시민의 정치참여 권리가 없어지고, 사회정치적 부문의 개별적 헌법이 부재하여 내부의 합법적 체제에 위기를 가속화했다. 또한 1985년 이후 소련공산당(CPSU)의 새 서기장인 미하일 고르바초프의 페레스트로이카(개혁개방)정책으로 내부적 압박은 더욱 거세졌다.

소련이 동맹국들의 주권을 제한하는 브레즈네프선언을 포기하면서 중동부 유럽의 많은 국가들이 개혁과 개방의 움직임을 보였고, 그 움직임은 폴란드와 헝가리에서 먼저 시작되었다. 독일민주공화국과 이웃한 공산주의국가인 폴란드는 1989년 6월에 최초로 반(半)자유선거를 실시했고, 그해 9월에는 최초로 비공산주의 정부를 탄생시켰다. 이와 같은 정치적 발전은 독일민주공화국의 민주 세력들이 공산주의체제를 전복시키고 근본적인 개혁들을 시도할 수 있는 큰 원동력이 되었다. 1989년 10월이 되자 많은 사람들이 개혁의 목소리를 내기 시작했다.

그러나 독일민주공화국의 사회주의통일당(Socialist Unity Party)의 서기장 에리히 호네커는 어떤 종류의 사회 개혁도 거절했고, 정책을 조정하려 하지 않았다. 이로 인해 정부는 내부 결속력과 개혁 동력을 잃게 되었고, 더 이상 무력으로도 혁명의 요구를 멈출 수 없었다. 공산주의 정당의 권력이 무너지기 시작했다.

1989년 10월, 대중의 저항은 더욱 가속화되었다. 독일민주공화국에 저항하는 반대 세력이 공식적으로 형성되었고, 헝가리나 체코슬로바키아와 같은 주변 공산주의국가들의 국경 개방으로 이들 국가를 통해 서독으로 넘어가려는 동독 주민들의 대탈출이 시작되었다. 정도의 차이는 있지만 대다수의 사람들이 이전의 공산주의체제에 대한 충성심을 버리기 시작했다. 1989년 10월 17일, 서기장이 에리히 호네커에서 에곤 크렌츠로 교체되었고, 몇 주 후 정부가 정권 재편을 시도했지만 실패로 끝났다. 이미 공산주의 권력을 유지하기에는 너무 늦어버린 것이다. 1989년 11월 9일, 결국 베를린장벽이 무너지면서 사회주의통일당이 종언을 고하고, 이로써 독재체제가 종식되었다.

독일민주공화국은 '아래로부터의' 내부적 민주주의 과정을 거치며 새로운 정부 수립에 착수하게 되었고 1989년 12월 7일 원탁회의(round table)

가 진행되었다. 하지만 자문과 의사결정을 할 수 있는 새로운 구성체로서 역할하기에는 여전히 공산당의 통제를 받는 약한 정부였다. 이와 같은 과도기는 1990년 3월에 최초로 실시된 자유선거로 인해 막을 내리게 되었다. 새로운 정부는 독일민주공화국 역사상 처음으로 민주적으로 성립되었으며, 1990년 4월 독일 기독교민주당의 로타르 드 메지에르(Lothar de Maizière)에게 권력을 양도했다.

1990년 9월 20일, 독일민주공화국 의회(Volkskamme)는 표결을 통해 찬성 299, 반대 80으로 독일연방공화국과의 통일조약을 승인했다. 서독의 의회(Bundestag)에서는 이미 찬성 442, 반대 47로 승인한 상태였다. 독일연방공화국에 통합[1]됨으로써 독일민주공화국은 40년 동안의 독립을 끝내고 5개의 연방주로 독일연방체제의 일원이 되었다. 물론 베를린[2]도 포함되었다. 통일조약은 10월 3일부터 효력을 가지게 되었고, 40년의 분단 이후 새로운 통일국가로 존재하게 되었다.

1 독일에서는 이 과정에 대한 적절한 용어를 놓고 오랫동안 치열한 논쟁이 있었다. 1945년 이전에는 '재통합'이라고 불렸다. 필자는 역사상 예전에 존재했던 독일에 없었기 때문에 '통일'이라는 개념을 선호한다.

2 그때까지 베를린은 서쪽 지역은 서독에, 동쪽 지역은 동독에 속해 있었다. 통일과 함께 새로운 연방주인 '베를린'이 생겨났다.

2

1989-1990년 독일 통일의 대안적 방법들

독일민주공화국의 평화혁명 초반의 정치적 논점은 다음과 같은 두 개의 질문에 집중되었다.

"과연 공산주의 독일민주공화국이 민주주의국가로 변할 가능성이 있는가?"

"독일민주공화국이 독립적으로 남아야 하는가 아니면 다른 주들과 함께 통합되어야 하는가?"

1989년 11월과 1990년 3월 사이에 정당들은 이러한 핵심 사안들에 대한 강도 높은 논의를 벌였으며, 결국 1990년 최초로 실시한 민주적 선거에서 대다수의 동독 주민들은 민주주의에 표를 던졌지만, 그것은 독일연방공화국과 통합하는 것을 의미하는 선거였다. 또한 신속한 경제적 번영을 원했던 동독 주민들의 의사이기도 했다. 서독은 동독에 비해 현저히 높은 수준의 번영을 이루었고, 서독의 헌법 질서와 국가 제도(기관)들은 그 당시 많은 동독 주민들로부터 예외적으로 높은 정당성(legitimacy)을 얻었다.

1949년의 서독 헌법(기본법)은 통일 독일이 영구적인 헌법을 채택하게 될 때까지 임시로 사용한 법이었다. 이 임시법은 궁극적으로 통일에 이를 수 있는 두 가지의 방법을 제안했다.

첫째, 기본법 146조는 독일의 주들이 공식적인 연방을 만들 수 있는 헌법적 방법을 제시했다. 무엇보다 우선적으로 새로이 세워질 통일국가를 위해 새로운 헌법을 만들어야 한다는 것이었다. 그렇지만 이 방법은 시간이 걸리는 일이면서 관련 주들 간의 조정과 타협이 필요하기 때문에 서독의 엘리트층과 대다수 동독 주민들은 이 방법에 관심이 없었다.

둘째, 기본법 23조는 새로운 연방의 주들이 연방공화국에 통합하도록 하는 방법을 제시했다. 새롭게 연방이 될 주들은 의회에서 간단하게 다수결 투표로 정하면 이 기본법의 적용을 받을 수 있었다. 이 법은 1957년 자르 보호령(Saar-Protectorate)이었던 지역이 자를란트(Saarland)라는 서독의 새로운 연방주로 통합되게 만들었다. 이렇게 23조에 의한 통일은 146조보다 시간이 덜 소요되었다. 빠른 통일을 원했던 동독 주민들뿐만 아니라 자신들의 기득권에 변화가 없길 원했던 서독의 지배계층도 이 방법을 지지했다.

1990년 봄이 되자 두 번째 방법이 최종적으로 선택되었다. 이유는 간단했다. 첫째, 서독 주민들과 지배계층은 제도를 조정(institutional arrangements)하여 정치경제적 성공을 이룬 서독을 포기하고 싶지 않았기 때문이다. 많은 중동부 유럽국가들에서 공산주의가 종식된 이후, 그들은 서구와 동구의 경쟁에서 승자가 누구인지 잘 알고 있었다. 둘째, 1990년 초반의 동독 경제는 완전히 붕괴된 상태였다. 게다가 정치적 의지를 잃은 동독은 첫 번째 안을 선택할 충분한 시간도 없었다. 동독의 경제적 상황은 1990년 봄을 지나 여름이 되자 더욱 악화되었고, 동독 주민들의 서독으로의 대탈출이 위협적인 수준으로 진행되었다. 이러한 위기 상황 속에서 정치적 조건이 경제적 요구를 압도했다.

1990년 4월 들어 신독일민주공화국 정부는 원래 통일 준비기간으로 2년을 계획했었지만, 동독 주들이 무너지기 시작하면서 6개월로 당기게 되었다. 결국 서독과 동독 사이에 체결된 아래의 2개 조약이 통일로 가는 길을 만든 셈이다.

첫째, 1990년 5월 18일 마련한 통화 및 사회·경제 통합에 관한 조약이 1990년 7월 1일에 발효되었다. 이로써 동독의 공식 통화로 동독 마르크 대신 서독의 마르크를 채택했다. 이러한 과정에서 동독은 스스로 해체를 결정하게 되었고, 개별적 연방주로서 연방공화국에 편입될 수 있었다.[3] 연방공화국에 편입된 이후 1990년 10월 14일 첫 번째 자유선거를 실시했다.

둘째, 동독과 서독이 1990년 8월 31일에 맺은 통일조약으로 통일의 세부사항들이 결정되었는데, 연방공화국의 법률체제를 중심으로 몇몇 제한된 지역에서는 독일민주공화국의 법률체제를 인정한다는 등의 내용이었다. 이에 동·서독의 두 의회 모두 3분의 2 이상이 동의했고, 독일민주공화국은 기본법 23조에 따라 연방공화국으로의 통합을 발표했다. 이것은 기본법 역시 따를 것임을 의미했지만, 양측 모두 통일조약(Unification Treaty)에 따라 1993년에 있었던 헌법 수정에 동의했다.

이 두 조약으로 독일은 두 개의 국가를 또 다른 제3의 국가로 만들어 합병하는 형태의 통일을 피할 수 있었다. 서독은 상당히 효과적으로 동독을 흡수했고, 확장된 독일연방공화국은 이전과 같은 법률체제하에 지속될 수 있었다. 그동안 1990년의 독일 통일에 대해 여러 논쟁적 분석이 있었지만, 이 논문에서는 개별적인 주장이나 논쟁을 다루지 않는다.

3 헌법적 이유는 다음과 같다. 통일국가로서 독일민주공화국은 독일연방국에 가입했지만, 나중에 법적인 통합을 끝냈다. 대신, 5개의 새로운 동독의 연방주들이 통일 독일에 가입했고, 이것은 베를린이 새로운 연방주가 된 것과 같은 형태였다.

3

독일 통일과 행정적 변화

여기서는 독일민주공화국의 행정체계에 관련된 통일의 주요 결과들을 살펴볼 것이다. 중요한 사실은 독일민주공화국의 공산주의 행정부가 서독의 양식을 기반으로 하여 전통적 유럽 행정부로 탈바꿈했다는 사실이다(see König 1991, 1992; Wegrich et al. 1997; Wollmann et al. 1997; Wollmann 1991, 1996, 2010, Franzke 2017). 이 같은 동독 행정부의 개혁은 매우 이례적이었지만, 유일무이한 경우는 아니었다. 두 독일 국가에서 이루어진 통일 과정에 연계되어 있었기 때문이다.

1) 모든 부처들을 포함한 독일민주공화국의 국가기관들(the central state institutions)이 1990년 10월 2일에 소멸되었다. 국가 권력은 본(Bonn)에 있는 서독 정부에 이양되었으며, 서독 정부가 통일 독일에 관한 책임을 넘겨받았다. 통일 독일 의회가 된 분데스타그(Bundestag)[4] 는 지난 1871년부터 1945년까지 수도였던 베를린을 새로운 통일 독일의 수도로 발표했다. 이 결정은 상징적인 의미가 있었다. 베를린으로의 정부와 의회의 이동은 주로 1999년 여름에 이루어졌으며, 서독과 동독 사이의 정치적 타협은 통일 행정부

4 1990년 10월 3일, 서독 의회 분데스타그는 독일민주공화국 의회로부터 144명을 받아들였다. 1990년 12월 2일, 통일 독일에서 치러진 첫 번째 국회의원 선거가 시행되기 전이었다.

를 두 개로 나누게 되는 결과를 초래했다. 이로써 베를린과 본(서독의 수도)에 2개의 정부 부서가 존재하게 되었다. 이러한 결정은 지금까지 막대한 비용과 광범위한 관료체계를 낳게 했으며, 이를 통해 단순히 '서독과 동독의 통합'이 아닌 '통합된 국가의 권력'에 관해 다시 생각하게 만들었다.

2) 독일민주공화국의 15개 구역이 5개(브란덴부르크, 메클렌부르크-포어포메른, 작센, 작센안할트, 튀링겐)의 연방주로 통합되며 독일민주공화국은 1990년 10월 3일, 독일연방국에 편입되었다. 그들의 영토에 있던 주정부 역시 독일연방국에 양도되었다. 1992년 초까지 동독의 주정부들은 계속 정비되고 있었다. 이전의 독일민주공화국의 주들은 그들의 영토에 위치한 새로운 국가 구조에 포함시키기를 원했고, 통일조약에 따라 동독연방의 주정부들은 1990년 말까지 이를 결정할 권리를 가졌다. 물론 이러한 결정들이 이후 많은 노동 인력에 영향을 미쳤다.

동독 연방주정부들도 처음부터 자신의 요리법(recipe)을 정했다. 중요한 제도적 변화는 2단계 또는 3단계 국가 관리에 대한 결정이었다. 메클렌부르크-포어포메른과 브란덴부르크와 같은 인구밀도가 낮은 동독 주(East German Länder)는 1990년에 중간 당국(medium authorities)이 없는 2단계(two-tier) 행정구조를 결정했다. 튀링겐은 일반적인 중급 권한을 가진 3단계(three-tier) 행정을 선택했다. 가장 인구밀도가 높은 동독의 작센주조차도 3개 지역 당국을 가진 3단계 행정구조를 선택했다. 작센안할트주도 마찬가지였다(Reiners, 2008).

3) 마지막으로, 동독의 지방 당국(전통적 단계의 지방자치단체들을 모두 포

함)은 독일민주공화국의 종식보다 더 오래 지속된 유일한 정치적 행정 단계였다. 사실 지방자치정부의 부활은 동독 평화혁명의 주된 동력 중 하나였다(Franzke, 2015). 이는 1990년 5월, 현대적이며 시민과 민주주의 친화적인 동독 공동체 헌법에도 표현되었다. 따라서 동독의 자치정부에서는 '연방정부 차원에서와 마찬가지로 제도적 붕괴와 비슷한 권력 공백'이 없었다(Bogumil-Jann, 2009: 264). 실제로 1990년 이후 지방 차원에서의 제도적 변화는 '외부 통제와 자기 계발'의 혼합이었다. 획일화된 '서독' 공동체모델이 없었기 때문에 동독 연방주와 지방 당국을 위해 꽤 많은 선택의 여지가 남아 있었다(Seibel, 1996).

4

독일 통일의 세 가지 특징

독일민주공화국이 독일연방공화국에 편입된 것은 미리 설계된 상태에서의 통합이었고, 두 독일의 정치행정구조의 제도적 통합에 큰 영향을 미쳤다. 이것은 역사적으로 아주 독특한 세 가지 요소(제도, 지배층, 재정)의 통합을 이루어낸 것으로, 간략하게 설명하면 아래와 같다(e.g. Lehmbruch 1995, Eisen·Wollmann 1996).

1) 제도의 변화

동독의 변화에는 서독 헌법과 법률체제의 형태 안에서 준비된 국가를 선택한 명확한 패턴이 보인다(Franzke, 2013). 희망적인 미래를 꿈꾸며 이미 만들어진 확정된 길로 가기를 원했기 때문에 혁신과 근본적인 개혁의 기회들은 포기할 수밖에 없었다. 의미 있고 필요했던 제도 개혁의 내용들을 살펴보면 다음과 같다.

비록 실패한 통합이 되었지만, 베를린-부란덴부르크를 통합하려던 것처럼 연방주들을 새롭게 구조화하려는 시도나, 기능별로 공공 과제들을 재분배하거나, 공무원의 신분을 조정하는 조직 개편 등이 있었다(Konig·Heimann 1998, Franzke 2015). 이와 더불어 근본적인 문제점은 체제의 변화에 적응하는 것인데, 간단하지 않았다. 성공적인 서독의 제도나 기관들도 동독 지역의 기관들이 적응하기에는 너무 달랐기 때문이다. 결국 제도의 변화에서 정책의 구조적 제약점들이 재빨리 드러났다.

2) 지배층의 변화

혁명에 이어 구지배층이 교체되는 것은 독일민주공화국에서도 당연한 순서였다. 독일에서는 이것이 평화헌법에 의해서 진행되었는데, 동독에서의 지배층 교체는 새로운 동독 엘리트의 진보나 발전이 아니라, 별개의 국가로 여겼던 서독의 지배층이 국가, 경제, 사회의 요직 대부분을 차지하는 형태로 나타났다.

1990년 통일이 되던 해와 이듬해에 수천 명에 이르는 서독 공무원들이 동독으로 이동했다. 경제 분야와 공공기관에서도 마찬가지였다. 서독에서 온 그들은 서독에서 쌓은 지식들을 가지고 동독에서 활동했다. 통일 초기 단계에서는 이러한 점이 모든 기관에서 동독의 경쟁자들보다 우세하게 작용하여 그들 중 대다수가 승진했다. 그들은 위에서 설명한 제도 변화의 인적 측면을 설명해준다. 그러나 문제가 있었다. 승진한 대부분의 서독 인사들이 이전 직장에서 함께 일하던 사람들을 다시 고용한 것이었다. 동독 주민들은 이러한 현상을 중요 직책에 대한 서독의 지배로 인식했고, '문화식민주의'로 표현하기도 했다.

전반적으로 보면 통일 후 28년이 흐른 지금도 중요한 직책에는 여전히 동독인들이 드물다. 회사에서는 1.6%만 경영진에 참여하고 있고, 행정과 사법 분야에서는 5%, 과학계에서는 3.8%에 머물러 있다. 전체 분야에서 관리직으로 근무하는 동독인들은 6%에서 8% 정도다. 독일 인구의 15%가 동독인이라는 것을 감안하면 이러한 상황은 정치적 위기를 야기할 수 있다.

3) 재정의 변화

통일 비용에 대한 공식적인 보고서는 아직 존재하지 않는다. 과학적으로도 비용 계산에는 방법론적 장애물들이 많다. 독일민주공화국의 부채를 인수하는 것에서부터 서독에서 동독의 연방주들로 특별 계좌이체를 해야 하는 것, 연금문제와 같은 통일과 관련된 쟁점들을 모두 포괄해야 하기 때문이다. 순이동(송금이나 이체로 인해 동독 경제가 의존하는 양, 즉 생산량을 뺀 구매력), 순수한 개발원조(동독 지역의 행정력과 경제력을 강화시키기 위한 계획) 등과 특수한 의무들(서독 납세자들의 부담)도 구분해야 한다(Ragnitz, 2004).

독일 통일기금은 세금(증가), 연금과 사회보험의 추가 부담금, 연방의 부채(증가), 서독의 연방주와 지자체들의 지급금, 유럽연합의 배당금 등으로 마련되었다. 1991년 이후 모든 독일 시민은 소위 '연대부가세(solidarity surcharge)'라 불리는 소득세와 법인세에 대한 추가 수수료를 납입해야 했다. 1998년부터는 이것이 소득세와 법인세의 5.5%에 이르게 되었고, 독일 연방정부는 2020년에 이 연대부가세를 폐지하기로 했다.

사회적 이동까지 포함한 독일 통일의 총비용은 다양한 영역의 연구자들이 추정한 결과, 약 2조 유로(euros)로 추정된다(FAZ, 30.9. 2015). 여기에는 연금이나 고용보험 같은 사회적 편익 부분이 상당한 비중을 차지했다. 동독 기업들에 대한 지원이나 인프라 개선을 위한 구체적인 사업들을 통해 연방정부가 순수하게 지원을 한 것은 대략 3,000억 유로 정도였다. 어쨌든 이것은 중동부 유럽의 전 사회주의국가들 중에서 가장 비싼 '변화(transformation)' 비용이다.

동독이 서독의 수준으로 맞추기 위해 드는 비용은 대략 1년에 1,000억 유로 정도로 추산되고 있다. 동독에 위치한 연방주들의 예산에서 세금 비율은 평균 67.5%(2018년)이다. 다시 말해서 예산의 3분의 1을 연방정부나 유럽연합의 보조금에 의지하고 있는 것이다. 게다가 서독의 몇몇 연방주들은 독일 재정평등계획의 틀 안에서 동독에 보조금을 지급하고 있다. 이것은 '연대와 결속'의 원칙에 의해 정당화되어야만 하지만, 동독을 지원하는 의지가 급격히 줄어들고 있다는 것은 더 이상 비밀이 아니다.

5

독일 통일, 그 미완의 균형(1990-2018)

1990-2018년 사이 독일 통일의 과도기적 균형(Interim Balance)을 점검하기 위해 최근 동독에서의 중요한 세 가지 변화(생활환경, 동독과 서독의 경제

적 집중 수준, 노동시장의 발전)를 살펴보려고 한다.

1) 통일 과정에서 주목해야 할 가장 중요한 변화는 삶의 질에 관한 동독 주민의 만족도이다. 동독 인구의 다수가 오늘날의 생활환경에 만족해야만 통일 과정을 성공이라고 볼 수 있기 때문이다.

동독 연방주들의 생활환경은 강점과 약점을 모두 지닌다. OECD에 따르면, 동독의 연방주들은 서독에 비해 구직자를 위한 교육, 환경과 주택의 질적 측면에서 강점을 보였다. 각 정부 보고서는 "독일민주공화국 당시의 상태와 비교하면, 이 지역들이 성취한 발전과 개선은 특별히 대단하다"는 결론을 내렸다(Federal Government's Commissioner for the new federal states 2016: 7).

OECD에 따르면, 삶의 질 부문에서 동독은 여전히 독일의 평균 이하에 속한다. 삶의 질은 평균수명으로 보이는 건강제도, 여론조사로 드러나는 시민의 참여, 광대역 인터넷 접속으로 알 수 있는 공공서비스 접근도 등으로 측정한다(Federal Government's Commissioner for the new federal states 2016: 7ff., see also OECD 2016). 이에 비추어볼 때 동독은 통일 이전에 비해 큰 변화를 이루었지만, 여전히 삶의 질에 대한 주민들의 만족도는 낮은 편이다. 이것은 소득이나 노동시장 상황에서 기인한 낮은 물질적 수준을 알려주는 지표들과 관련이 있다.

삶의 만족도가 떨어지면 소위 '통일 과정의 소외자들(losers of the unification process)'의 목소리가 커진다. 그들은 통일 이후 사라진 독일민주공화국 시절의 다양한 직능 자격을 지닌 사람들이다. 대부분은 이전의 직업을 잃고 새 직업을 구하지 못했고, 새로운 체제에 만족할 수 없었다. 새로

독일 연방주들의 생활환경- 삶의 질(QUALITY) 순위

1= 최고 4= 최저	동독	서독[5]
교육	1	2-4
주택 상태(거주)	1	1-3
환경	1	2-4
공동체	2	1-4
소득	3	1-2
안전	3	1-4
일	4	1-3
건강	4	1-3
시민 참여와 관리 방식	4	1-3
서비스 접근도	4	1-3
삶의 만족도	4	1-3

출처: 〈2016년 OECD 자료〉를 바탕으로 재구성

운 민주주의 독일을 거부한 독일민주공화국의 지배층도 여기에 포함된다. 이러한 소외자들의 수는 대략 동독 인구의 15-20%로 추정되며, 원인은 다르지만 서독에서도 비슷한 비율로 나타난다.

2) 또 다른 문제는 동서 발전의 융합(convergence)이었다. 이것은 독일 연방주와 지자체의 1인당 세금과 개별 가구의 소득 수준을 더 평등하게 만들기 위한 중요한 전제 조건이었는데, 1인당 GDP나 유급 노동자당 GDP와 같은 전통적 지표들로 볼 때 재통합 이후 많은 진전을 보였다.

서독 연방주들의 기록에 따르면, 1991년에서 2015년 사이 1인당 GDP

5 (여기서는 구 또는 서독 연방주들이라 불린) 서쪽, 남쪽, 북쪽의 연방주들의 다른 값들을 합산했다.

가 42.8%에서 72.5%로 상승했다. 그러나 동독의 1인당 경제력은 여전히 서독에 비해 27.5% 정도 낮은 수준이다. 슐레스비히홀슈타인(독일 동북부의 주)처럼 경제적으로 덜 발전한 주와 비교하면 그 차이가 1990년에 비해 줄었지만, 여전히 중요한 문제로 남아 있다. 게다가 동독의 경제력 만회 및 집중도 전략이 최근 몇 년간 상당히 저조한 상태를 보였다. 원인은 여럿이지만, 무엇보다 동독 경제가 여전히 매우 취약하기 때문이다. 2014년 동독에서 산업 부문에 고용된 인력을 보면 3분의 1만 250명 이상의 회사에서 근무하는데, 서독에서는 이 수치가 50% 이상이었다. 독일의 대기업들은 대부분 동독에 본사를 두지 않는다. 이러한 구조적 차이는 연구나 혁신 활동이 부족하고 뚜렷하지 않은 내면화(internalization) 때문에 발생하며, 낮은 생산성과 고액 연봉의 일자리가 부족한 것도 원인이다(Beauftragter der Bundesregierung fur die neuen Lander 2018: 10). 일부 경제학자들은 동독을 서독 경제의 '확장된 작업대'라고 부른다.

3) 독일은 최근 몇 년 동안 노동시장이 매우 긍정적인 발전을 보였다. 2000년대 중반 이후 취업률은 계속 상승했고, 2015년에는 통일 이래 가장 높은 고용률을 보였다. 동독에서는 1992년 이후 최고 수치를 기록했다. 2017년에는 사회보험 개인 분담금을 지급해주는 일자리가 증가하면서 고용을 이끌기도 했다.

동독의 실업률이 이전보다 크게 하락한 것은 분명 긍정적 요인이다. 1991년부터 2004년까지 동독의 실업률은 10.2%에서 20.1%로 증가했다. 그러다가 2018년 10월에는 6.4%의 실업률을 기록했다. 서독은 4.9%였다. 안타깝게도 동독의 15-25세 사이의 청년들과 55-65세 사이의 노인들은 서독에서는 실업 상태로 기록되었다.

2015년 6월, 동독의 전일제(Full Time Equivalent) 기준 국내 평균임금은 2,600유로로, 3,210유로인 서독의 81% 수준을 보였다(REPORT 2016: 35). 이처럼 동·서독의 임금격차는 여전히 존재하며, 동독에서 서독으로 끊임없이 인재 유출이 계속되고 있는 중요 요인이자, 동독 경제를 위협하는 또 하나의 치명타가 되고 있다.

빈곤의 위험률은 2005년 이후 동독과 서독 모두 변함이 없었는데, 서독보다 동독의 연방주들이 약 7% 정도 높게 나타났다. 동독은 낮은 물가로 생활비가 적게 들어 그 격차를 반으로 줄였다(2016: 38).

서독은 개별 가구가 소득을 포함한 부동산과 금융자산(financial assets)으로 평균 14만 유로 정도 보유하고 있는 반면에, 동독의 가구별 재산은 총 6만 1,000유로로 서독의 44% 수준이다. 이 같은 차이는 전에 비해 현저히 줄어든 것이다. 1993년 동독의 개별 가구 재산은 서독의 29%에 지나지 않았었다.

동·서독의 삶의 조건을 짐작하는 데는 인구통계학적 측면이 점점 큰 역할을 한다. 현재 독일 인구의 20%가 동쪽에 살고 있는데, 외국인들의 이주 덕분에 동부지역 주들의 인구 통계는 2013년 이후 안정적인 모습을 보였다. 하지만 2030년에 이르면 감소할 것으로 보인다. 그와 더불어 동독의 국경지대의 주들에 살고 있는 64세 이상의 주민들이 오늘날의 24%에서 32%까지 증가할 수 있다. 직설적으로 말해서 '동독은 서독보다 빠른 속도로 노화하고 있다(Federal Government's Commissioner for the new federal states 2016: 46).'

6

동독 시민사회의 변화상

전통적으로 시민들의 자발적 참여는 독일 사회의 중요 동력이었다. 현재에도 독일인 둘 중 한 명은 60만 개가 넘는 비영리단체(협회, 재단, 협동조합, 기타 기관들)의 회원이다. 그동안 동·서독에서 열성적인 사람들의 비율은 매년 증가해왔다.

그럼에도 불구하고 자원봉사는 여전히 동독보다 서독에서 더 활발하다(Freiwilligen survey 2014: 25). 참여율이 38.5%인 동독에 비해 서독은 44.8%로 더 높다(2014년 자료). 그리고 동·서독 모두 남성의 참여가 여성보다 활발한 편이고, 학생과 고학력자가 저학력자보다 높은 참여율을 보인다. 한편 동독에서는 청년층이 노년층보다 참여율이 높고, 친족관계가 아닌 상태에서의 봉사와 아동보호는 서독보다 동독이 높은 비율을 보여준다.

이러한 차이는 역사적인 원인들 외에 최근에 나타난 요인들에 근거한다. 1948년부터 1989년까지 국가 주도하에 운영된 공산주의 독일민주공화국에서는 시민사회가 통제를 받았고 사람들은 통제받는 조직들에 참여하기를 거부했다. 이러한 패턴이 오랜 뿌리를 지니며 계속해서 영향을 미쳤다. 이와 더불어 동독 주민들의 가난한 재정 상황도 무시할 수 없다. 단체에 회원으로 가입할 수 있는 형편이 못 되는 것이다. 게다가 교외지역은 특히 빠른 인구 감소와 노령화가 진행되는 데다 교통이 좋지 않아 시민사회로의 발전이 막힌 실정이다.

동·서독의 시민 참여도 비교

	동독	서독	동·서독 비율
스포츠클럽	11	22	50:100
구호·자선단체	8	14	57:100
문화·예술·음악 클럽	5	10	50:100
교육·보육	5	8	63:100
환경·동물 보호단체	4	6	66:100
통상·전문 협회	5	8	63:100
정치단체	2	4	50:100
청소년단체	2	4	50:100
시민주도 단체	3	4	75:100

출처: 올크(Olk, 2013: 20)

시민 참여도 면에서 동독이 최고 수준을 보이는 분야는 시민주도(시민의 자주성, 시민의 계획)와 환경·동물 보호, 통상 등이다. 다른 분야에서 동독의 주민 참여율은 50%에 지나지 않는다.

2014년 독일의 자원봉사에 대한 설문조사 결과에 따르면, 점점 더 많은 국민들이 여가시간을 사회 참여나 책임 분담에 사용하고 있다. 국민들 전체로 보면 14년 넘게 40% 넘는 사람들이 자원봉사에 참여하고 있는데, 15년 전과 비교하면 10%나 높아진 것이다. 동독보다 서독이 좀 더 많지만 동·서독 모두 비슷한 증가세를 보이고 있다.

7

결론과 전망: 성공적이지만 가려진 것들

전반적으로 독일의 통일은 이 논문에서 밝힌 여러 문제들에도 불구하고 성공담이라고 할 수 있다. 그것은 독일민주공화국의 평화혁명으로 가능했지만, 또 한편으로는 서독의 엘리트 지배층이 미국이나 소련과 같은 강대국들의 지지와 함께 독일 통일의 길을 찾기 위해 제한된 적절한 기회들(windows of opportunities)을 적극적으로 활용했기에 가능했다.

하지만 경제, 사회, 문화, 심리학 등의 차원에서 보면 독일의 통일은 몇 세대에 걸친 장기간의 과제로 남아 있다. 생활수준만 해도 이를 균등하게 맞추는 것이 독일 헌법의 요건이지만 현실적으로 매우 힘든 상태이며, 사회적 실천이나 정부의 조치로 이어지기란 불가능할지도 모른다. 8,200만 명이 넘는 인구를 지닌 연방국가에서는 지역 차가 항상 존재할 것이고, 동·서독 간의 차이도 마찬가지이다. 현재에도 동독의 주들은 점점 더 차이가 나고 있으며, 동독에 관해 얘기를 하는 것도 더 어려워지고 있다.

독일은 불행히도 통일 과정에서 특별한 기회들을 잃었다. 분명히 연방공화국에 독일민주공화국을 가입시키는 방법은 헌법에 의해서만 가능했지만, 새로운 독일을 위한 공통적인 헌법이 미흡했고 애국가가 없는 것도 사실이었다. 많은 동독 주민들의 눈에 그것은 '2등 시민'을 상징하는 것처럼 여겨졌다. 이것은 또한 삶의 성취에 관한 독일민주공화국 주민들의 인식과도 관련되었다. 독일민주공화국의 많은 직업들이 인정받지 못한 사실만 봐도 알 수 있다. 여기에 경제적 상실감과 사회적 불이익 등도 동독 주민들에게 영향을 미쳤다. 1990년 이후 새로운 직업을 갖지 못한 사람들은 민주주의나 통일 독일과 긍정적인 관계를 맺을 수 없었기 때문이다.

위와 같은 사실들로 인해 2015년 이후 통일의 위기가 찾아왔다. 독일은 동독지역에서 국수주의 정당이나 극우 정당(the Alliance for Germany)이 강력한 세력으로 부상하면서 유럽 통합과 이민, 주민들에게 불리한 조건들을 거부해왔다. 그들의 편견과 두려움은 심각하다. 물론 동독에는 이들에 대항하는 민주주의적 반대운동 또한 존재한다.

결론적으로, 동독과 서독의 통일은 동독의 평화혁명이 낳은 성과들을 다소 가려왔다. 독일의 통일에 대해 행복해하는 사람들이 대다수이지만, 고국의 동쪽에서 일어난 평화혁명의 업적을 자랑스러워하는 사람은 너무 적다.

- Agricola, s., 1997, Vereinswesen in Deutschland(Expertise im Auftrag des Bundesministeri- ums für Familie, Senioren, Frauen und Jugend), Stuttgart u.a., S. 64 f.
- Beauftragter der Bundesregierung für die neuen Länder 2018: Jahresbericht der Bundesre- gierung zum Stand der Deutschen Einheit 2018, Berlin(URL: https://www.beauftragter-neue- laender.de/BNL/Redaktion/DE/Downloads/Publikationen/Berichte/jahresbericht-de-2018.pdf? blob=publicationFile&v=5)
- Bogumil, J./Jann, W., 2009, Verwaltung und Verwaltungswissenschaft in Deutschland: Einfüh- rung in die Verwaltungswissenschaft, Wiesbaden
- Duisberg, C. J., 2005, Das deutsche Jahr - Innenansichten der Wiedervereinigung 1989/1990, wjs, Berlin
- Eisen, A./Wollmann, H. (Hg.), 1996, Institutionenbildung in Ostdeutschland. Zwischen extern- er Steuerung und Eigendynamik, Opladen
- Federal Government's Commissioner for the new federal states 2016: Annual Report of the Federal Government on the Status of German Unity in 2016, Berlin(URL: https://www.beauftragter-neue-laender.de/BNL/Redaktion/DE/Downloads/Publikationen/Berichte/jahresbericht_en_2016.p df? blob=publicationFile&v=3)

- Franzke, J., 2017, Kommunale Verwaltungs- und Gebietsreformen. Ein Dauerbrenner, in: Thomas Weith / Christian Strauß (Hrsg.), Im Plan oder ohne Plan? Raumplanung in (Ost-) Deutschland seit 1989/90, Waxmann-Verlag Münster/New York, 2017, S. 95-110
- Franzke, J., 2015, Kommunale Institutionenentwicklung in Ostdeutschland. Eine (Zwischen-) Bilanz nach 25 Jahren; in: Marian Döhler / Jochen Franzke / Kai Wegrich (Hrsg.): Der gut organisierte Staat, Baden-Baden: Nomos Verlag, S. 361-381
- Gorbatschow, M., 1999, Wie es war: Die deutsche Wiedervereinigung, Ullstein, Berlin
- Kausmann, C. / Simonson, J., 2017, Freiwilliges Engagement in Ost- und Westdeutschland sowie den 16 Ländern, in: Simonson, J./Vogel C./ Tesch-Römer, C. (eds.), Freiwilliges En- gagement in Deutschland: Der Deutsche Freiwilligensurvey 2014, Wiesbaden: Springer VS, pp. 573-600
- König, K. (Hg.), 1991, Verwaltungsstrukturen der DDR, Baden-Baden
- König, K., 1992, Zur Transformation einer real-sozialistischen Verwaltung in eine klassisch- europäische Verwaltung(Speyerer Forschungsberichte, Nr. 99). Speyer
- König, K./Heimann, J., 1996, Aufgaben- und Vermögenstransformation in den neuen Bun- desländern, Baden-

Baden
- Küsters, H.-J./Hofmann, D. (Hrsg.), 1998, Deutsche Einheit: Sonderedition aus den Akten des Bundeskanzleramtes 1989/90, Oldenbourg, München
- Lehmbruch, G., 1994, The process of regime change in East Germany: an institutionalist sce- nario for German unification, in: Journal of European Public Policy 1 (1), 115-141
- Lehmbruch, G. (Hg.), 1995, Einigung und Zerfall. Deutschland nach dem Ende des Ost-West- Konflikts, Opladen
- Merkel, W., 1999, Systemtransformation, Leske+Budrich, Opladen (UTB für Wissenschaft). OECD, Regions at a Glance 2016, Paris 2016
- Olk, Th./Gensicke, Th., 2013, Stand und Entwicklung des bürgerschaftlichen Engagements in Ostdeutschland - Quantitative und qualitative Befunde, Berlin (Studie im Auftrag des Bundesministeriums des Innern)
- Ragnitz, J., 2004, Transferleistungen für die neuen Länder - eine Begriffsbestimmung, In: Wirtschaft im Wandel. 9-10/2004
- Reiners, M., 2008, Verwaltungsstrukturreformen in den deutschen Bundesländern, Wiesba- den
- Ritter, G. A., 2006, Der Preis der deutschen Einheit. Die Wiedervereinigung und die Krise des Sozialstaats, Beck, München

- Rödder, A., 2011, Geschichte der deutschen Wiedervereinigung, Beck, München (Beck'sche Reihe 2736)
- Schäuble, W./Koch, D. (Hrsg.), 1991, Der Vertrag. Wie ich über die deutsche Einheit verhan- delte, DVA, Stuttgart
- Schröder, R., 2007, Die wichtigsten Irrtümer über die deutsche Einheit, Herder, Freiburg im Breisgau/Basel/Wien
- Seibel, W., 1992, Necessary illusions: The transformation of governance structures in the new Germany, in: The Tocqueville Review - 13 (1), 177-197
- Seibel, W., 1996, Verwaltungsaufbau in den neuen Bundesländern. Zur kommunikativen Logik staatlicher Institutionenbildung, Berlin
- Teltschik, H., 1991, 329 Tage. Innenansichten der Einigung, Siedler, Berlin
- Weidenfeld, W./Korte, K.-R. (Hrsg.), 1999, Handbuch zur deutschen Einheit: 1949-1989-1999, Campus, Frankfurt am Main
- Wegrich, K./Jaedicke, W./Lorenz, S./Wollmann, H., 1997, Kommunale Verwaltungspolitik in Ostdeutschland, Basel u. a. O
- Wollmann, H., 1991, Kommunalpolitik und -verwaltung in Ostdeutschland: Institutionen und Handlungsmuster im -paradigmatischen" Umbruch. Eine empirische Skizze, in: Politische Vierteljahresschrift, Sonderband 22, Opladen, S. 237ff

- Wollmann, H., 1996, Institutionenbildung in Ostdeutschland: Neubau, Umbau und -schöpfer- ische Zerstörung", in: Kaase, M./Eisen, A./ Gabriel, O. W./Niedermayer, O./Wollmann, H. (Hg.): Politisches System, Opladen, S. 47-153
- Wollmann, H./Derlien, H.-U./König, K./Renzsch, W./Seibel, W. (Hg.), 1997, Transformation der politisch-administrativen Strukturen in Ostdeutschland, Opladen
- Wollmann, H., 2010, Territorial local level reforms in East German Regional States (Länder). In: Local Government Studies, Vol. 36/No. 2, S. 249-268

3장

대만의 이름으로

: 양안관계가 상호작동 중인 해서[1] 공간의 전환

주링이(朱凌毅)
국립대만대학교, 대만

1 (역자주) 본문에서 '해서(海西)'는 특별한 표기가 없는 이상 '대만해협 서안지역'을 의미하며, 구체적으로는 중국의 푸젠(福建)성 일대에 설치한 대만해협서안경제특구를 지칭한다.

'특구보다 더 특별함'을 표명하는 '해협서안경제특구'(이하 '해서'로 약칭)는 대만에 대한 일련의 우혜정책을 시험함으로써 하나의 특수한 경계 영역을 만들고, 대만해협 양안의 일체화된 생활상이 경험되고 상상될 수 있도록 한 것이었다. 하지만 문제가 있다. 대만인이 이미 내지[2]에 널리 퍼져 있는데, 왜 해서에서 공통의 생활상을 만들어내야 할까? 현재 중국에는 이미 특구가 곳곳에 존재하는데, 다시 하나의 특구로 어떻게 양안을 일체화하는 방향으로 밀고 나갈 수 있을까?

대륙 정부가 해서를 활용하는 것을 보면, 대만이 스스로를 어떻게 바라보는지에 대한 대륙의 몰이해가 드러난다. 대만에서는 해서가 성과를 거두기 어려웠지만 핑탄(平潭)[3]에 대규모 기반시설을 끊임없이 건설하면서 외딴 도서지역을 도시로 만드는 진기한 풍경을 일구어왔다. 해서가 '대만에 대한다(對台)'는 이름으로 자원을 조달하고 부지 개발을 계획한 건 아닌지 의심을 금할 수 없다. 해서는 대륙이 대만을 대하는 방식과 대만 자체의 발전 어젠다 간의 모순을 부각시키는 공간이 되었다.

해서를 착오, 모순, 기만의 공간으로 보는 앞의 인식과 달리, 이 연구는 '경계(border)'와 '국가(state)'의 관계를 정리하고, '국가의 시각으로 경계를 보며' '경계의 시각으로 국가를 보는' 이중적 시각을 제기한다. 이를 통해 해서의 시의부적절함과 불합리성을 새롭게 인식하고자 한다. 해서가 경계로서 양안관계를 드러고, 해서를 대만의 화신으로 재현하여, 중국이 대만을 수단으로 삼은 결과가 대만 역시 중국을 수단화하도록 이끌었음을 밝힌다. 동시에 중국과 대만 요인의 이중적 진입·퇴출을 뛰어넘는 것 또한 필요함을 지적한다. 그러나 해서의 발전 방향은 반드시 대만에 대한 임무로 속박받는 것은 아니고, 대만과 대륙 간 중개는 물론, 중국과 세계 간 중개 역할을 통해 대만을 대체하고자 하는 것이다. 사실 중국은 더 이상 경계 테크놀로지를 통해서 '세계를 중국으로 끌어들이는 것'을 필요로 하지 않으며, 역으로 '중국이 세계로 나아감'을 통해 대만의 출로를 이끌고자 한다. 이때 양안관계의 성격은 '공간적 경계'로부터 '시간의 진행 과정'으로 치환된다. 문제는 경계로서의 '해서 시각'이 이미 역사화되었는가이다.

이 연구는 양안관계의 미래를 단언하려는 것은 아니다. 오직 해서의 공간적 의의(주객을 치환하는 방법으로 양안관계를 재조립할 기회를 만들고, 나아가 목적으로서 대만과 중국이 세계로 나아가도록 하는 의의)가 아직까지 명료하게 인식, 파악되지 못했음을 드러내고자 한다.

2 (역자주) 본문에서 '내지(內地)', '대륙(大陸)'은 중화인민공화국의 영토를 의미하는 말로, 용례상 그대로 번역했다. 또한 '대만(臺灣)'은 하나의 고유명사로, 역사적 의미를 담아낸다는 차원에서 '타이완'이 아니라 '대만'으로 표기했다.

3 (역자주) 핑탄은 푸젠성 푸저우 동남부해역의 126개 섬으로 이루어진 지역으로, 2009년 7월 말에 종합실험구가, 2012년에 해협서안경제구가 중국 국무원의 비준에 따라 설립되었다.

1

착오와 모순, 기만의 공간?

'양안 간의 교류와 합작을 힘껏 추진'[4]하기 위해 중국 국무원과 관련 부서들은 2009년 해서[5]를 적극 지지하고, 그 범위를 푸젠성 전체와, 저장·장시·광둥 3개 성과 푸젠성이 맞닿은 지역[6]으로 확대했으며, 해서가 '특구보다 더 특별함'[7]을 공언했다. 해서특구는 대만에 대한 일련의 우혜정책 시험을 통해 특수한 경계영역을 만들고자 했고, 대만해협 양안이 일체화된 생활상을 해서에서 경험하고 상상되도록 해왔다.

체제 외 영역으로 특구를 설정해 정책을 실험하는 것에 중국 대륙은 이미 숙달되어 있다. 중국은 1980년대 개혁개방 이후 30여 년간의 고성장을 거쳐 미국에 이은 세계 2위의 경제 강국이 되었다. 사회주의체제로부터 벗어나 글로벌 시장과 결합되어가는 과정에서 중국 정부는 경제특구를 부단히 활용하여 외자를 유치하고 수출을 독려해왔다. 특구 조성을 통한 발전모델이 끊임

4 〈해협서안경제특구발전규획(海峽西岸經濟區發展規劃)〉 중에서 '총체 요구와 발전 목표(總體要求和發展目標)' 부분을 참고할 것(中華人民共和國國家發展和改革委員會, 2011, p.5).

5 상세한 내용은 다음을 참고할 것. 《푸젠성이 해협서안경제구를 빠르게 건설하는 것을 지지하는 것에 관한 국무원의 약간의 의견(國務院關於支持福建省加快建設海峽西岸經濟區的若幹意見)》(中華人民共和國國務院, 2009, 國發 24號, 이하 《국무원 의견(2009)》

6 상세한 내용은 《국무원 의견(2009)》 참고

7 푸젠성의 푸저우(福州), 샤먼(廈門), 취안저우(泉州), 장저우(漳州), 푸톈(莆田), 닝더(寧德), 롱옌(龍岩), 싼밍(三明), 난핑(南平), 저장성(浙江省)의 원저우(溫州), 리수이(麗水), 취저우(衢州), 장시성(江西省)의 샹라오(上饒), 잉탄(鷹潭), 푸저우(撫州), 간저우(贛州), 광둥성(廣東省)의 샨터우(汕頭), 메이저우(梅州), 차오저우(潮州), 지에양(揭陽) 등 총 20개의 지급시(地級市)를 포괄한다.

없이 복제·확산되면서 수출가공구, 보세구, 경제개발구, 자유무역구가 중국에 꽃피웠고, 각종 우혜정책이 경쟁적으로 쏟아지면서 지금은 오히려 특구가 일상적으로 되어버렸다. 문제는 중국에 이미 특구가 도처에 존재하는데, 다시 해서라는 또 하나의 특구로 어떻게 양안을 일체화할 수 있을까이다.

1990년대 양안 간 접촉과 왕래가 나날이 빈번해지면서 무역, 투자, 취업과 정착의 통로가 잇달아 열리며 양안관계는 발전해왔다. 한 예로 수많은 대만인들이 대륙을 오가고 있고, 현지에 정착한 사람들만 해도 100만 명에 이른다. 대만인들은 개혁개방 초기부터 연해지역의 주강삼각주와 장강삼각주로 모여들었고, 지금은 내지 깊숙이 파고들어 있다. 이런 마당에 왜 해서에서 공통의 생활상을 만들어내야 할까? 이는 부질없는 짓이 아닐까? 대만에 대해 해서를 이용하는 것은, 대만이 자신을 어떻게 바라보는지에 대한 대륙의 몰이해를 부각하는 것 같다.

앞서 언급했듯이 대륙은 대만에 대한 해서의 성과를 보기 어려운데도 '하루에 1억 위안씩 투자'라는 속도로 대규모 시설을 건립하여 핑탄을 도시화하는 데 주력했다. 하지만 핑탄은 아직 선전(深圳)에 한참 못 미치고, '중국 굴기' 시기에 돌에서 금으로 바뀌지 못할 수도 있다. 커다란 성공이 가능했던 시공간적 환경이 변했으니, 국가가 계속해서 힘을 실어주지 않는다고 따질 수도 없다.[8] 국가 자원이 대폭 투입되더라도 핑탄이 도시 건축의 승리에 그친다면, '대만에 대한' 이름으로 자원을 조달했건만 부지개발만 한 것 아니냐는 의심을 살 수밖에 없다. 해서는 이렇게 대륙의 대(對)대만 정책과 개발 어젠

8 (역자주) 선전은 개혁개방 이후 중국의 경제특구들 중에서 가장 먼저, 가장 빠르게 발전해온 지역이다. 홍콩과 인접한 중국의 경계지역 중 하나로, 중국의 급성장을 상징해온 도시로 평가된다.

다 간 모순을 더욱 부각시킨다. 그렇다면 해서는 착오와 모순, 기만으로 가득한 공간에 불과한 걸까?

이 연구는 경계로부터 해서의 시대착오적이고 불합리한 발전을 새롭게 이해하고자 한다. 해서의 발전 논리를 '경계'로 합리화하는 것이 아니라, 경계와 국가의 이중적 시각을 통해 다시금 해서가 경제특구로서 다중적인 경계가 되어가는 과정을, 의외로 경계상에서 이루어지는 국가 공간의 전환을 다시금 인식하고자 한다.

2

경계와 국가의 이중적 시각

경계연구의 본래 의도는 국가였지만, 경계와 국가는 서로 요약될 수 없다. 국가가 경계에서만 통제를 진행하는 것도 아니고, 경계를 국가만 만드는 것도 아니다(Sohn, 2016). 경계연구의 범주는 국가 프레임에서 벗어난 지 오래이며, 경계는 어떠한 지식 또는 실천의 분류(category) 과정으로 이해될 수 있다(Abbott, 1995; Jones, 2009; Mezzadra & Neilson, 2013). 이러한 일상의 경계에 대한 탐색은 일상생활 속의 지식과 권력 수행에 이르기까지 시야를 넓혀주었지만, '경계'와 '지식 분류' 간의 구별을 모호하게 만들기도 했다. 과연 일상적 권력 수행에 대한 분석에 경계연구의 이름을 덧붙일 필요가 있을까? 한편 몇몇 국가론 연구자들은 전지구화에서 국가의 중요성을 되찾고자 시도하면서 현재의 국가 공간이 재척도화(rescaling), 재영역화(re-territory), 재네트워크화(re-networking)를 겪고 있다고 지적한다(Brenner, 2004; Jessop, Brenner, & Jones, 2008). 문제는 다음과 같다.이러한 국가공간이론의 재구성이 과연 '국가 사회의 용기(容器)'라는 지식의 함정(Jessop, 1990)을 초월할 수 있을까? 아니면 변형 가능한 용기로 대신하면 될까? 국가의 시각에서 국가를 보거나, 경계의 시각에서 경계를 보는 것은 우리의 시야를 제한할 수 있다. 관건은 경계의 시각으로 어떻게 국가에 대한 인식을 증대시킬 것인가, 국가의 시각으로 어떻게 경계에 대한 인식을 증대시킬 수 있는가이다.

일련의 연구자들은 경계를 국토 영역의 종점(終點)으로 본다. 그들의 정의에 따르면, 경계는 국가의 내부와 외부를 구분하고, 변경(borderlands, frontier, border regions)은 곧 국토의 변방이자, 국가와 국가 사이를 넘어서는 특수한 구역이다(Alvarez Jr, 1995; Donnan & Wilson, 1999; Newman & Paasi, 1998). 변경에 대한 그들의 관심은 국가의 내부뿐 아니라 국가 간 관계에도 기반을 두고 있다. 그들은 개념상 국토를 종결하는 경계가 투과될 수 있으며, 심지어 모호하고 혼잡하며 끊임없이 변동된다는 점을 강조한다. 경계의 유동과 혼잡 때문에 변경에는 특수한 공간 형식(지리), 생활방식(사회, 민족)과 '미완'의 문화, 사회, 경제의 구조적 작용(역사)이 이루어진다(Newman, 2011; Paasi, 2011a; Rumford, 2012). 변경은 또한 국가를 초월하는 것으로 이해되기도 한다. 주목해야 할 것은 앞서 강조했던 경계의 유동과 혼잡, 심지어 이로써 국가 개념을 비판했던 관점이 '경계를 국토의 종점으로 삼는' 지식 프레임에 도전하는 것은 아니며, 변경지대에서 경계의 내외부적 혼잡이 이러한 프레임을 재확인해준다는 점이다(뒤집어 말해서 국토 핵심구역의 사회적 공간도 비교적 유동적이지도, 변동하지도, 혼잡하지도 않다고 말하기는 어렵지 않을까?). '변경-변방(邊陲)'의 지식 관점은 바로 경계(국토의 종점으로서)로부터 경계를 보는(유동혼잡) 것이다. 이러한 인지적 프레임에서는 유동하는 경계가 국가 공간적 구조에 미치는 중요성이 간과될 수 있다. 국가는 봉쇄된 것이 아니라 경계 안팎을 유동하며 통제하거나 통제하지 않음으로써 주권을 체현해야 한다.

이와 대조적으로 다른 학자들은 국가 주권의 확립은 경계가 단순히 국가를 다른 국가와 구분하기 때문이 아니라, 국가 공간과 국제 공간의 상호연관을[9] 이루고 있기 때문이라고 강조한다. 국제사회(질서가 결핍된)는 국가 주권(질서와 예외를 제공할 능력을 갖춘)의 존재를 조명한다(Salter, 2012). 만약 외부가 없다면 내부도 없을 것이며, 양자는 서로 변증법적 관계를 이룬다. 당연히 내부와 외부는 단절된 것이 아니다. 한편으로 국가 권력은 결코 경계에서 그치지 않으며, 다른 한편으로 세계 정치 또한 국가에 의해 독점되지 않는다(Agnew, 2003). 관건은 경계의 선택적이고 다층적인 침투가 국가 주권을 구성하는 전제라는 데 있다. 그들은 경계가 내·외부를 봉합(suture)하고 국가 공간을 엮어냄을 강조한다(Sohn, 2016). 그러나 이러한 논점은 내·외부를 상대화하는 것처럼 보이지만, 실제로는 경계를 절대화하고자 한다. 비록 침투할 수 있다고 해도 경계는 균질적인 제도와 공간, 지식 프레임(국가 주권과의 관련에서)의 '임계선'으로 설정된다. 경계는 임계적 성격을 갖췄기에 내·외부를 구분하면서도 봉합할 수도 있다. '경계봉합론'은 국가(주권의 담지자)로부터 국가(경계 관리·통제)를 보는 것이다. 그들은 블랙박스를 열어 국가란 '무엇인지'를 이해하고자 했지만, 경계의 '봉합'으로 국가를 해석함으로

9 이에 따르면, 경계 내부는 국가 권위가 체현되는 사회적 공간이고, 경계 외부는 무정부 상태의 정글법칙이 작동하는 공간이다.

써 오히려 경계를 블랙박스 안에 집어넣었다. 국가의 시각으로는 경계를 봉합으로 볼 수 있을 뿐, 틈새(fissure)를 볼 수 없다. 국가의 제도, 공간, 지식 프레임은 모두 사람의 실천을 통해 수행된다. 사람들의 일상적 실천 과정이 도리어 틈새를 만들 수도 있다. 그리고 틈새는 봉합의 의의를 뒤집어버릴 수도 있다.

이 연구는 이중적 시각(국가의 시각으로 경계를 보는 동시에, 경계의 시각으로 국가를 보는)으로 경계와 국가의 상호관계를 분석한다. 경계는 연기자(국가)와 관중(경계 행위자)이 상호작동하고 있는 즉흥 연출의 장에 비유될 수 있다. 국가가 어떻게 '경계 관리·통제(border-ordering)'를 통해 의의를 부여하는가를 보려면, 동시에 사람들이 타자와 자아의 '경계를 구별화하는 과정(border-othering)'에서 경계 드러내기에 어떻게 참여 또는 간섭하는지, 나아가 어떻게 국가(nation·state)의 의의를 인정하거나 초월할 수 있는지를 살펴봐야 한다.

방법론적으로 이 연구는 경계연구를 통해 민족·국가 형성(nation·state building)과 민족적 사회화(national socialization)를 관련지어보자는 파시(Paasi, 2011b)의 호소에 대한 응답이다. 이중적 시각으로 해서를 살펴보려 하는데, 경계는 지식 범주(category)뿐만이 아니며, 서로 다른 주체의 경계화 과정(border ordering/othering)을 통해 국가의 공간적 형식과 전환을 이해하고자 한다.

3

경계로서의 해서

해서의 범위 안에 있는 사람들은 사실 사회, 경제, 문화적으로 공통점이 많지 않았다. 해서는 대부분 연이은 산록(山麓, 산기슭)에 막혀 있어 언어,[10] 문화, 종교[11]적 측면에서 다양성을 보이며, 역사적으로도 동일한 구역(〈그림 1〉 참고)으로 간주된 적이 없었다. 그중에서도 연해의 도시는 일찍이 명청(明清)대 이전부터 대외 무역항구로 발전해왔고, 해외로 이주한 수많은 화교들의 고향이기도 했다. 그에 반해 내륙의 산악지대는 상대적으로 경제가 낙후되어 있었다. 과거 공산혁명의 기지로, 푸젠성, 장시성, 광둥성이 맞닿은 이 지역은 통상적으로 '동남연해'의 지리적 범주에 포함되지 않았다.

1) 의외(意外)의 경계

국공내전은 이러한 구도를 바꾸어놓았다. 1949년 국민당이 전면적으로 패배함에 따라 국공내전의 전선은 북쪽에서 남쪽으로 계속 이동했다. 그런데 국민당이 10월에 의외로 금문도 고령두(金門古寧頭)에서 공산당 군대를 격퇴하

10 해서의 주요 언어는 민어(閩語. 민둥閩東, 민난閩南, 민중閩中, 민베이閩北, 푸셴莆仙, 샤오장邵將 등의 방언이지만 서로 통하지 않는다), 커자어(客家語), 간어(贛語. 장시성의 방언), 후이어(徽語. 후이저우의 방언), 우어(吳語. 장쑤성, 상하이, 저장, 안후이, 장시, 푸젠 일대에서 널리 쓰이는 방언) 등이다.

11 기독교 신앙은 중국 대륙의 동남연해지역 주민들 사이에서 상당히 높은 비중을 차지한다.

〈그림 1〉 해서의 언어, 문화, 경제회랑과 행정구역

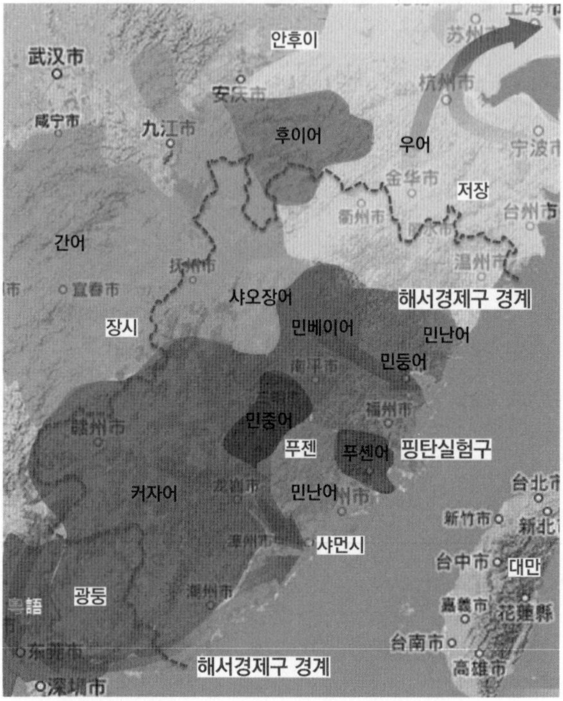

출처 : 린정수(林正修)·류자오인(劉昭吟)(2012)

고 상륙함에 따라, 국민당과 공산당은 동남연안에서 대치하기 시작했다. 그리고 한국전쟁, 베트남전쟁으로 냉전구도가 확립되면서 동남연안의 잠정적인 교전선이 오랫동안 단절된 경계로 이어졌다. 국공의 지속적인 대치로 중국의 중요 대외무역 창구였던 대륙의 동남연안의 도시들은 전선의 진지로 전환되었다. 게다가 언제 발발할지 모르는 3차 세계대전을 대비하기 위해 1960년대 마오쩌둥이 '삼선건설'을 추진하면서 연해의 공업 기초시설들이 내륙으로 이전되었다. 대량의 경제 생산자재들이 푸젠성과 장시성의 산악지대와 멀리 광시성, 구이저우로까지 옮겨졌고, 이때 산악과 연해의 주민들의 운명이 극적으로 연결되기 시작했다.

경계의 또 다른 끝인 금문도와 마조도 주민들은 군사적 개조를 겪었다. 그러다가 1960년대 대만 경제가 일본, 한국과 연동되고 미국 주도하의 새로운 국제 분업으로 이득을 얻으면서, 한발 먼저 글로벌 경제와 연계되기 시작했다. 1978년 대륙의 개혁개방 이후 양안 간 경제적 생활수준의 차이로 활발해진 밀수와 밀입국은 사람들이 부자가 될 수 있는 지름길이 되기도 했다. 일례로 1990년대 대만의 북부 시장에서 판매되는 수산물 중 70% 이상이 핑탄의 바깥 바다에서 이루어진 양안 어민 간 교역으로부터 나온 것이었다. “너희 대만과 이렇게나 가까운데, 바보가 아니라면 한번 시험 삼아 해볼 수 있지 않을까?”(趙彦寧, 2007, p.39)라는 차원에서 나타난 결과다.

‘비법(非法)’적으로 국경을 넘나드는 이 같은 교역은 경계를 헷갈리게 하는 것처럼 보인다. 하지만 쌍방의 서로 다른 대응 방식은 오히려 경계의 차이를 두드러지게 했다. 금문도와 마조도에서는 경계를 넘는 주문이 점차 주민들의 일상이 되었다. 대륙의 공급자들도 능력에 따른 기회를 노리며 해안에 기대게 되었고, 금문도의 주민들은 전화로 물건을 주문하며 연안교역의 혜택을 누릴 수 있었다(席代麟·翁宗堯, 2003; 曹雅評, 2017). 이렇듯 국경을 넘나드는 교역은 대만에서는 ‘밀수’였지만, 1993년 대륙이 연해 어민들의 교역을 ‘대만에 대한 소액무역’으로 인정하면서 세관의 관리감독에 포함되는 합법적이고 특수한 무역 통로로 자리 잡기 시작했다.[12] 그 결과, 합법(대륙에서 볼 때) 또는 비법(대만에서 볼 때)의 경계를 넘어서는 활동이 특수한 경계의 풍경을 만들어냈다. 바야흐로 교역이 경계를 넘어서 이루어지면 합법이지만, 경내에 머물면 비법이 된 것이다.

2) 경제특구: 내외부의 다중 경계

2004년 푸젠성은 '대외개방 건설, 협조 발전, 전면 번영의 해협서안경제구'의 아이디어를 제안했고,[13] 2008년 대만에서 국민당이 재집권하면서 대륙은 해협특구 설치를 적극적으로 검토하기 시작했다. 2009년 국무원은 〈푸젠성이 해협서안경제구를 빠르게 건설하는 것을 지지하는 것에 관한 국무원의 약간의 의견〉[14]을 공포했고, 관 부문과 위원회는 일련의 정책들을 연속해서 내놓았다.[15] 흥미로운 점은 경제특구가 고심 끝에 '해협서안'이라는 이름을 사용했다는 사실이다. 대만의 시각을 은연중 내포하면서 중원의 전통적 시

12 대륙은 1993년 9월 25일 대외경제무역부(對外經貿部)와 해관총서(海關總署) 공동으로 〈대만지구 소액무역에 대한 관리 방법(對台灣地區小額貿易的管理辦法)〉을 발표하여 푸젠, 저장, 장쑤, 상하이, 산둥 등 동남 연해지역의 커우안(口岸. 정부가 지정한 출입국 수속을 하는 변경지역)에서 실행하도록 했다. 대만과의 소액무역이 실제로 이루어지는 커우안은 푸저우의 마웨이(福州馬尾), 황치(黃岐), 싼샤(三沙), 취안저우의 허우주(泉州后渚), 난안의 스징(南安石井), 후이안의 총우(惠安崇武), 진장(晉江), 웨이터우(圍頭), 스스의 메이린(石獅梅林) 등이다. 각 커우안에서는 지정된 대만 소액무역회사의 책임하에 물품이 세관의 감독관할에 편입되고 정식 통관 절차를 통해 합법적으로 운송되는 통로가 있지만, '수입증명(進項證明)'을 발급하지 않으면 대륙의 수취인에게 영수증을 발행할 수 없기 때문에 물품을 합법적으로 판매할 수 없다.

13 2004년 푸젠성 제10기 인민대표대회 2차 회의 때 성장(省長) 루잔궁(盧展工)은 〈정부공작보고(政府工作報告)〉에서 '대외개방, 협조 발전, 전면 번영의 해협서안경제구를 건설한다'는 발전 전략을 제출하여 인민대표대회의 비준을 받았다(陳祥健, 2005).

14 국무원 의견(2009).

15 이러한 정책들은 '국무원 의견(2009)'의 구체적 규획으로, 해협서안경제구를 건설하는 목표, 임무 분담, 건설 배치 및 선행선시(先行先試) 정책에 관한 내용들을 담고 있다(中華人民共和國國家發展和改革委員會, 2011).

각이 담긴 '동남연해'이라는 이름을 바꾼 것이다. 주체 관점의 전환이란 점에서 해서는 '대만에 대하여(對台)'라는 말에 기반해 있고, 하나의 구역 전체로서 의의를 획득했다. 고의적이든 아니든 해서특구의 설치는 푸젠과 장시의 산악지역에 있는 미사일지대와 민영경제로 꿈틀대는 연해의 도시들을 연계하게 되었다.

그러나 대만은 이를 예측하지 못했기 때문에 해서경제구는 대만의 적극적 호응을 얻지는 못했다. 해서에 대한 대만 주류의 인식은 '푸젠에 묶여 있다(鎖在福建)'는 것이었다. 즉, 해서는 너무 작고, 푸저우는 너무 빈곤하며, 핑탄은 너무 멀어서 해서가 반드시 많은 이익을 가져오는 것은 아니며 심지어 족쇄일 수도 있다는 인식이었다.[16] 또한 ECFA[17]가 체결된다면 그 이익이 중국 전체를 포괄할 것이기 때문에 해서는 근본적으로 대만 상인들의 투자 초점이 아니라고 여기는 사람들도 있었다.[18] 대륙의 입장에서는 양안 간 교류를 더욱 심화하여 점차 융합하려는 목표가 있었다. 해서는 대만과 지리, 역사,

16 해서와 ECFA의 관계에 대해서는 많은 논쟁이 있다. 탕용홍(唐永紅, 2010)은 해서가 주강삼각주, 장강삼각주 등의 지역에 비해 경쟁우위를 갖지 못한다는 데 동의한다. 그렇지만 ECFA가 곧 경제일체화의 추동이고 그 과정에서 기나긴 제도적 정합이 필요한데, 해서의 선행선시는 이러한 정합과 맞물림에 도움을 준다고 인식한다. 이와 달리 ECFA를 거쳐 점진적인 양안 간 정치경제 일체화의 형성에 반대하는 이들은 ECFA가 장차 대만 산업에 충격을 줄 것이고, 해서에서의 시험은 이를 완화·보완하는 달콤한 속임수에 불과할 뿐이라고 강조한다(黃昭能, 2009). 이러한 두 입장은 서로 대립적으로 보이지만, 양자 모두 해서가 ECFA의 적응에 도움이 되고 경제와 사회 사이에 존재하는 연동관계를 가정한다는 점에서 공통점을 보인다. 이에 대해 대만 당국은 ECFA가 해서와는 별개의 사안임을 강조한다. 즉, ECFA는 하나의 전체적 프레임으로서 구역적 차원을 전제로 삼아서는 안 되고, 양안 간 경제와 무역의 왕래가 이미 전면적인 교류의 단계에 이르렀다고 인식한다. 즉, "모두의 수요는 전면적인 것이지 하나의 지방에만 국한되는 것은 아니다"(中國評論新聞網, 2009).

17 (역자주) ECFA는 'Economic Cooperation framework agreement'의 약자로, 2010년 6월 중국과 대만이 체결한 경제협력기본협정을 가리킨다.

18 린주자·천젠량(林祖嘉·陳建良, 2006)은 해서경제구의 개발이 양안 간 미래의 정치경제적 상호작용에 중대한 영향을 미칠 것이라고 인식했다. 샤러성(夏樂生, 2009)은 중국 공산당이 지방 차원의 '해협서안경제구' 발전을 적극 추동하고 있고 대만을 '해협동안경제구'로 삼아 향후 대만과 푸젠을 '해협경제구'로 통합, 조성하기를 기대하고 있기 때문에 향후 발전의 양상 또한 주목해야 한다고 강조했다. 황자오능(黃昭能, 2009)은 중국 공산당이 푸젠과 대만의 역사적 연원, 지리적 우위, 구체적인 경제무역규획 조치, 대만에 대한 유연한 책략을 통해 '해서경제구'의 건설 과정에서 양안 간 긴밀한 관계를 구축하고 있음을 밝혔다.

문화 면에서 가장 가까운 지역으로, 경제구의 설치 범위가 4개 성(省)에 달하고 인구와 경제 규모가 대만의 몇 배에 달했기 때문에 고의로 대만을 깔보려는 의도는 없었다.

해서 당국은 선행선시(先行先試)[19]의 정책적 실험 공간임에도 불구하고 돌파할 수 있는 경계를 찾아야 했다. 따라서 정치적 분위기와 양안관계의 미묘한 변화를 세심하게 살필 필요가 있었다. 해서 규획의 수립 초기, 당국은 5개의 공동 기획(공동 규획, 공동 개발, 공동 건설, 공동 관리, 공동 수익)을 통해 해서를 대만 동포들의 제2 생활권이자 '공동의 터전'(共同家園)[20]이 되도록 추동했다. 예를 들어 해서의 핑탄실험구에서는 대만의 인재를 고액의 연봉으로 초빙하여 관리구위원회의 고위직을 맡김으로써[21] 터전(家園)의 공동관리를 체현했다. 문제는 이런 것이었다. 양안의 민중이 터전에 대해서 공동의 상상을 갖고 있는가? '공동'의 발전 전략으로 어떻게 양자를 동시에 만족시킬 것인가? 하나의 사례로 핑탄실험구의 총체규획 콘테스트를 들 수 있다. 대만의 한 컨설팅회사가 저밀도 개발의 녹색저탄소섬을 제시하여 1위를 차지했다. 그러나 장기간의 낙후로 어려움을 겪어온 현지 주민들에게는 유리로 둘러싸인 고층 빌딩의 스카이라인이나 하이테크산업의 공장지대만이 '발전'과 대만과의 '맞물림(對接)'에 대한 상상을 만족시킬 수 있었다.

발전에 대한 상상의 차이 외에도 공동의 터전이 양안의 거버넌스 권력에 미

19 (역자주) 대륙 특구정책의 핵심으로, '먼저 시행하고 먼저 시험할 수 있는' 정책적 특수·특혜를 의미한다.

20 쑨리차오(孫麗朝, 2012)를 참고할 것

21 〈핑탄종합실험구관리위원회의 대만 전문인재 초빙목록〉(平潭綜合實驗區管委會招聘臺灣專才目錄)을 참고할 것(http://hunter.1111.com.tw/ch/kk1.asp)

치는 중첩적 경합을 어떻게 처리할 것인지가 관건이었다. 대륙이 구역을 넘어서는 거버넌스를 행사한 전례는 없었다. 양안관계는 홍콩·마카오와 대륙의 관계보다 제도적 맞물림이 훨씬 복잡했다. 대륙은 대만의 주권을 승인하지 않았지만 대만과의 제도적 대응을 필요로 했다. 그렇지 않으면 양안의 교류를 심화할 방법이 없었다. 공동의 터전에 대한 경계 관리·통제가 중첩되었을 뿐 아니라 경내의 관리제도도 조정되어야 했다. 예를 들어 교통안전관리 측면에서 공동의 터전 내에 대만인들이 대만의 운전면허증으로 자동차 운전이 가능한가? 대륙은 대만의 운전면허증을 인정하지 않고 단기 면허증 전환제도도 없기 때문에 대만인이 대륙에서 운전하려면 대륙의 운전면허증을 별도로 취득해야만 했다. 그에 반해 핑탄특구는 탄력적인 제도를 갖추고 있었다. 임시 운전면허증으로 교환, 발급뿐만 아니라 대만인들이 직접 대만에서 차량을 운전해 올 수 있도록 타이베이-핑탄, 타이중-핑탄 노선에 차량을 운반하는 여객화물선의 운항을 허용했고, 부두에 도착하여 임시 차량번호판을 신청하고 기존의 차량번호판을 가리기만 하면 푸젠성 전 지역에서의 운행을 허용했다.[22] 사실 공동의 터전 안에서 자동차를 운전하는 것은 생각보다 훨씬 복잡하다. 변경에서의 관리·통제와 경내의 교통안전관리 외에도 대만에서의 차량 대출, 보험과 손해배상의 위험 평가에도 영향을 미칠 수 있다. 따라서 차량이 변경을 넘는 데 따르는 위험도 계산에 포함해야 한다.

더욱 곤란한 점은 공동의 터전 안에서 대만의 건강보험카드로 병원 진료 가

22 대만에서는 아직 시행되지 않고 있다. 현행 법규가 이를 차량 수출로 규정하여 차적과 번호판을 제거해야 하는 등 양안 간 차량 운행을 제한하고 있다. 대만은 외국 국적의 번호판을 장착한 차량에 대해서도 입국을 허용하지 않고 있다.

능 여부였다. 의료는 대만인이 대륙에서 생활하는 데 가장 큰 장애물 중 하나이다. 현재 대만인이 대륙에서 진료를 받으려면 먼저 의료 비용을 지불한 후 영수증을 가지고 대만으로 돌아가 건강보험단위에 신청하여 해당 비용을 돌려받아야 한다. 대륙의 의료문서는 반드시 사전 공증을 받도록 규정되어 있고, 해협교류기금회에 검증을 신청한 다음에야 승인을 받을 수 있다. 하지만 공증과 검증 비용을 합하면 이미 의료 비용을 초과하고 심사 후 지불에 소요되는 기간이 길게는 반년에 달하기 때문에 상당히 불편하다. 직접 건강보험카드를 사용하여 진료받을 수 있느냐가 공동의 터전을 활성화하는 중요한 시험대가 된다. 그러나 건강보험제도를 맞물리게 하는 것이 쉽지는 않다. 현지 병원을 대만건강보험관리단위의 평가감독과 등급 구분에 포함시켜야 할 뿐만 아니라 약품과 의료자재, 진료 행위를 모두 관리, 감사해야 한다. 게다가 현지 병원이 대만건강보험관리단위와 데이터 전용케이블을 설치하여 실시간 자료 전달과 검토, 지불을 진행해야 한다. 바꾸어 말해서 현지에서 건강보험카드를 사용하려면 경계와 경내를 동시에 아우르는 제도적 변화뿐 아니라 대륙에 대한 대만의 경계를 넘어서는 관리감독까지도 필요하다. '경계를 넘어서'야 하기 때문에 정치적 위험에 직면할 수도 있다. 그렇지만 현지 병원이 대만 국적의 의사를 초빙하여 함께 연구, 토론하면서 대만의 건강보험카드를 적용하는 대책을 세우기도 했다.[23]

23 이 병원의 연구 논의에서는 대만 건강보험의 감사제도 시행을 받아들이고, 대만에 별도의 '특약병원'과 '특약진료'를 건의하여 이를 기다리기도 했다 건강보험 전용케이블과 관련해서는 자료와 정보가 국경을 넘어갈 수 있다는 점에서 양쪽 정부 모두에게 우려스러운 점이 있어 실시간 접속은 불가능할 것으로 보고, 대만에서 '월말 보고'의 방식으로 결산하거나 대만중앙건강보험서에서 직접 전문 주재원을 파견하는 방식을 건의하기도 했다. 따라서 이러한 규획에 대한 구상은 아직 실현되지 못한 상태다. 대만 국적의 의사는 이미 퇴직했고, 대만 건강보험제도와의 연결 계획도 정체되어 있다.

3) 대만의 이름으로?: 경계상의 국가와 그 외부

해서에서 대만의 건강보험제도를 수용한다는 구상이 아직 실현되지 않은 것은 그리 놀라운 일이 아니다. 문제는 대만의 관리감독을 받는 정치적 위험을 명확히 알면서도, 해서가 왜 깊은 물로 곧장 뛰어드는가이다. 이것은 대륙의 의료서비스 '시장화'를 통해 이해될 필요가 있다. 대륙의 의료 개혁은 병원재산권제도의 개혁을 추동하면서 기업과 병원을 분할하고 재구성하여 민간 자본이 의료서비스에 투입되도록 지원해왔다. 의료원은 영리와 손해를 자기부담하는 상업적 논리에 빠졌고, 온갖 방식으로 수익 창출의 명목이 중요해졌다. 여기에 더해 의료보험에 적절한 정부 투자의 부족, 의료자원의 불균등한 분포, 의료보험 수혜 범위의 부족 등으로 많은 사람들이 '진료받기 어렵고(看病難)' '병 때문에 곤궁해지는(因病窮)' 곤란에 직면하게 되었다.[24] 해서는 실행 가능성을 떠나 대만의 건강보험 경험을 참조한다는 명목하에 병원의 브랜드 효과를 창출하고 수익을 증대하려는 것이다. 의료산업 발전을 촉진한다는 이유 외에도 대만의 건강보험제도를 거울삼아 지역의료보험 비용의 배분과 납부 방식을 개선하여 지방재정 운용의 효율을 향상시키려는 목적도 있었다. 의료체제의 관리, 감독, 감사를 강화하여 주민의 진료난 문제를 완화시킬 수 있다면, 현지 거버넌스의 성과는 더욱 두드러질 것이었다.

그러나 대만을 대상으로 한 해서의 제도적 학습과 실험은 대만의 적극적 호응을 얻지 못했다(林正修·朱凌毅, 2014). 대만의 소극적인 태도에 대해 현

24 중국 대륙의 사회안전제도에 관한 린쭝훙·청후이쥔(林宗弘·曾惠君, 2014)의 연구를 참고할 것

지 인사들은 '황제의 딸 설'을 유포했는데, 해서의 건설 투자액이 '하루에 1억 위안'에 달하고 중앙이 특별히 부여한 '선행선시' 정책의 이익이 크기 때문에 대만이 해서를 필요로 하지 않는다 해도 걱정할 필요가 없다는 것이었다.[25] 의료산업 발전을 예로 들면, 의료원의 브랜드 육성과 의료품질관리 향상이 반드시 대만의 이름을 필요로 하지는 않았다. 핑탄은 '협화의원(協和醫院)' 및 '푸젠의과대학'과 협력하여 활로를 찾았고, 현지에 푸젠의과대학 부속의 핑탄협화의원을 새로 설립하여 기존의 핑탄의원을 협화의원연합체에 편입시켰다.

해서는 양안의 평화로운 발전을 추동하는 최전선의 임무를 맡아 투자 자원을 확보했다 하더라도, 자신의 발전을 위해 대만에 대한 임무에 속박될 필요는 없었다. 또 대만의 냉담한 대응 역시 양안관계를 소원하게 하려는 것은 아니었다. 해서는 이렇게 양안 경제무역의 중계 창구로서 장강삼각주 및 주강삼각주와 경쟁하는 동시에 양안의 창구로서 대만의 금문도 및 마조도와도 경쟁했다. 금문도와 마조도 주민의 뜨거운 기대 속에서 '소삼통(小三通)'[26]이 마침내 2001년 실현되었다. 이때 푸젠도 양안 간 해상운송에 포석을 깔았다. 2008

25 푸젠성 대외무역경제합작청의 부청장인 장추(張秋)는 북미지역 최대의 중국어 신문인 〈세계신문망(世界新聞網)〉과의 인터뷰에서 '양안의 공동관리(兩岸共管)'는 정치 행위이자 양안의 공권력과 관련되기 때문에 만약 대만이 푸젠의 정책 결정에 적극 호응하지 않는다면 푸젠도 계속 기다릴 수만은 없다. 핑탄은 반드시 발전해야만 하는데, 초기 업무가 잘 되기만 하면 "황제의 딸 또한 시집갈 걱정을 하지 않을 것"이라고 밝혔다(林庭瑤, 2009).

26 (역자주) '소삼통'은 푸젠성 연해도시와 대만의 금문도, 마조열도를 통해 이루어지는 통상, 통항, 통신교류를 의미한다.

년 양안은 '대삼통(大三通)[27] 직항에 합의했는데,[28] 주민 다수의 기대에는 부합했지만 금문도와 마조도에서는 주변화된다는 초조함을 절감할 수밖에 없었다. 사실 대삼통은 대만의 항구와 해상운송업자들에게 비즈니스 기회를 확대하는 동시에 경쟁 압력을 증가시킬 수도 있었다. 직항 합의는 양안의 선박만으로 제한되었는데, 소속 선박의 90%가량이 외국에 등록되어 있는(편의치적선[29]) 대만의 선박회사들은 상대적으로 불리했다. 또한 외국 국적의 글로벌 선박운용사들은 외국 상인의 직항 배제로 양안의 무역항에 정박만 할 수밖에 없었다. 따라서 해서는 아시아·태평양지역의 중계 허브항 경쟁에서 대만 무역항에 비해 상당히 불리한 여건이었다.

대만 입장에서 대삼통은 중국의 주요 도시들과 직접 연결하여 대만을 전 세계의 중국 연결 허브로 만들기 위한 것이었다. 그에 반해 해서 입장에서는 대만과의 연결을 통해 대륙으로 가는 대만의 창구가 되는 것이 자신의 발전에 훨씬 유리했다. 해서는 대만과 대륙의 2, 3선 도시 간 직항은 운송량 부족이 우려되므로, 해서에서의 중계가 규모 효과가 훨씬 더 크고 쌍방에 상호 이익이 된다고 강조했다. 같은 논리로 샤먼 인근, 금문도 주변의 바다를 메워 새로운 공항을 건설하자는 제안을 하기도 했다. 금문과 샤먼이 신공항을 공동으로 이용하면 해서, 금문, 샤먼이 모두 윈윈윈을 이룰 수 있기 때문이다.[30] 금

27 (역자주) '대삼통'은 대만과 대륙 간의 전면적 통상, 통항, 통신 교류를 의미한다.

28 대만의 주요 규범은 〈대만지구와 대륙지구 간 해운직항허가관리방법(台灣地區與大陸地區海運直航許可管理辦法)〉이다. 대륙의 규범은 주로 〈대만해협 양안 해상직항 실시사항에 관한 공고(關於台灣海峽兩岸海上直航實施事項的公告)〉, 〈대만해협 양안직항선박 감독관리 잠정시행방법(台灣海峽兩岸直航船舶監督管理暫行辦法)〉, 〈해협양안 해상직항을 촉진하는 정책조치에 관한 공고(關於公布進一步促進海峽兩岸海上直航政策措施的公告)〉 등이다.

29 (역자주) 선박 소유, 운항 등의 편의에 따라 선박 소유자의 소재국이 아닌 외국에 등록된 선박을 이른다.

30 자오옌징(趙燕菁) 샤먼대학 경제학원 교수와의 인터뷰 참고

문도 입장에서는 이착륙 조건이 상당히 제한된 기존의 공항을 대체하여 대외 교통을 원활히 함으로써 주변화될 위기를 반전시키고, 이후 금문도의 발전을 대만에 의존할 필요가 없도록 할 수 있다. 샤먼 입장에서는 금문-대만 간 노선을 샤먼의 기존 노선과 연계할 수 있어 국내선 가격우위를 실현하고, 신공항 서비스로 양안 항공운송의 경쟁력을 향상시킬 수 있다. 대만 입장에서는 현지 항공회사들이 샤먼을 기지로 선택할 수 있어 대륙의 고객 유치를 확대하고 샤먼(유럽 대륙을 향한)과 대만(아메리카 대륙을 향한)의 국제항공과 연결하는 위치프리미엄을 얻을 수 있다. 공항을 공동 이용하자는 제안은 해서-금마(금문도와 마조도)-대만 간의 다중적 발전을 상상하게 했지만, 현실은 양안의 얽히고설킨 관계로 복잡했다.

뒤얽힌 양안의 현실에서 발전에 대한 서로의 상상을 실현하려면 반드시 양안이 제5항권을 상호 개방하는 것을 전제로 하고 상대방을 중계점으로 삼아 제3의 지역으로 확대해야만 한다. 대만은 대륙이 제5항권을 개방하기를 바라지만 대륙은 이에 동의하기 어렵다. 대륙 국적의 항공사는 타이베이에 먼저 내렸다가 다시 제3의 지역으로 연장될 필요가 없지만, 양안의 항공노선을 통해 대만으로부터 대륙으로 오는 환승객을 유치할 수 있다. 그렇다면 대만 국적의 항공사도 마찬가지로 대륙에서 대만으로 오는 환승객을 유치할 수 있지 않을까? 하지만 그렇게 되기 어려운 것이 현실이다. 대만으로 향하는 모든 항공의 대륙 승객들은 대만에 입국 하든 안 하든 '대만통행증(赴台證)'을 신청해야 하고, 대만에서 환승만 하는 것은 개방되지 않았다. 따라서 대만 국적의 항공사에 상당히 불리하다. 대륙이 제5항권을 개방하지 않는 것이 반드시 대륙 국적의 항공사에 혜택을 주기 위한 것은 아니라고 해도, 양안의 항공노선에서 위상 문제가 있을 수밖에 없다. 현재 양안의 항공노선 출입국 관리는 국제항로와 다를 바 없지만, 대륙은 그 성격을 국내항공노선에 속하는 것으로 정해두었다. 제5항권을 개방하게 되면 동일한 비행 일정이라 해도 전자의 대륙과 대만 간은 양안 간 항공노선이지만 후자의 원거리 여정은 국제항공노선이기 때문에 양안 항공노선의 국제화를 연상시키게 된다. 요컨대 지금까지 서술한 양안 간 편의치적선, 외국 상선, 원거리 환승 등에 대한 제한은 모두 양안 간 관계를 국제화로 형상화하기를 피하려는 논리의 프레임하에서 이해될 수 있다. 해서의 전략이 대만의 이름으로 이루어지든 대만을 대체하든 양안의 상황을 고려하지 않을 수 없다. 즉, 지정학적, 경제적 경쟁이 뒤얽히면 대만을 적으로 삼을 수도 있게 된다는 말이다.

양안 간 적대감의 격화는 2014년 대만의 '해바라기운동(太陽花運動)'으로 구체화되었다. 이 운동은 서비스무역협정에 관한 양안의 밀실 논의에 반대하며 '양안정상연맹(兩岸政商聯盟)'이 사사로이 대만을 팔아넘겼다고 질책했다. 대륙은 양안경제합작이 "대만 민중에게 실질적인 이익을 가져다주었으며, 누구나 다 알고 있는 것"[31]이라고 강조했지만, 이후 대만에 대한 전략을 조정하기 시작했고, 기존의 대만 우대모델을 수정했다. '대만 우대 31조 정책(惠台31條政策)'[32]은 대만에 대한 새로운 방침으로, 대만 청년들의 대륙 창업과 취업을 지지하고 인센티브를 제공했다. 대륙 발전에 힘쓰는 대만 청년들을 위해 창업자금대출을 제공하고, 펀드를 활성화하고, 각종 생활보조금을 지

---

31 다음 기사를 참고할 것. 중시전자보(中時電子報), '국무원 대만사무실은 합작이 실질적인 이익을 가져올 것이라고 거듭 강조했다(國台辦重申 合作帶來實質利益', 2014

32 (역자주) 중국 국무원 대만사무실과 국가발전개혁위원회는 2018년 2월 28일 '양안 경제·문화 교류협력 촉진에 관한 약간의 조치'를 발표하고, 대만 기업과 대륙 기업 간, 대만 동포와 대륙 동포 간 동등 대우와 관련한 31개 조의 정책을 내놓았다.

급했다. 대만청년창업기지라는 기구 설립에도 정부 재정의 인센티브가 있었다. 주목할 점은 '양안정상연맹'이 연상되지 않도록 하기 위해 청년창업정책의 대상을 처음 대륙에 온 청년으로 제한하고, 일부러 정상(政商)[33] 2세대를 배제했다는 것이다.[34] '대만 우대 31조 정책'으로의 전환은 양안관계의 '청년화'(대만 청년의 자아실현이 중국의 부강과 발전을 떠받치는 것)를 의미하며, 중국 발전의 길로 대만 미래의 출로를 인도하는 것이다. 상대방을 청년화한다는 것은 곧 상대방을 자신의 지난날로 간주하는 것이고, 만약 상대방이 자신의 길을 따라온다면 올바르게 발전할 수 있다는 함의를 가지고 있다. 바꾸어 말하면, 서로의 차이는 이미 근본적으로 부정되었으며, 가시적 차이는 시간이 지나면서 해결된다는 관점이다. 따라서 양안의 성격은 서로 인정하고 긍정하며 왕래를 모색하는 '공간 경계의 차이'이며, 다시금 중국의 발전을 견인하고 지향하는 '시간의 역사적 진행 과정'으로 규정된다. 양안관계가 이렇게 시간의 진행 과정으로서 경계를 치환하면 여전히 해서가 필요할까? 해서의 의의는 어디서 찾아야 할까?

33 (역자주) 정치와 상업계에 종사하는 사람들을 의미한다.

34 푸저우의 모(某) 대만 상인 영수(領袖)와의 인터뷰

4

이중적 시각의 호환: '해서 시각'의 공간적 의의

경계로부터 국가를 보고 국가로부터 경계를 본다는 것은 양자가 개념상 상호 독립적이지만, 동시에 서로에 대한 내재적 비판을 구성한다는 것을 의미한다. 경계는 국가 행동의 결과(as state effect)다. 뒤집어 말하면, 경계를 통해 국가가 인식될 수 있다(as border effect). 그러나 경계는 시종일관 국가의 주권을 명확히 확인할 수 없고, 국가 또한 완전히 경계를 지배할 수 없다. 양자가 서로 뒤얽힌 쌍방향관계는 해서를 이해하는 데 매우 적합한데, 그러한 경계로부터 영향을 받는 상호작동은 국가와 경계가 설계한 예상과 기대를 뛰어넘을 수 있고, 심지어 국가 계획의 혼돈과 곤혹을 드러낼 수도 있기 때문이다.

경계와 국가의 이중적 시각하에서 한편으로는 국가적 통일(실질적인 외부 경계의 해소)을 위해 국가가 해서경제구(국토 안의 내부 경계 창조)를 설립했다고 볼 수 있다. 즉, 미완성된 국가는 경계 관리·통제와 예외를 통해 국가 공간의 재구성(the process of border-ordering)을 기도한다. 다른 한편으로 사람들은 내·외부 경계의 영향을 받는 활동에서 서로의 차이를 인지하고, 서로 다른 기대를 만들며, 나아가 중국-해서-대만의 차이를 형상화하는 관계 주체가 되기도 한다. 바꾸어 말하면, 사람들은 경계를 통해 서로를 타자화하고 주체 인식과 신분 위치를 획득한다(the process of border-othering). '대만에 대한(對台)' 것에 기반하여 만들어진 해서는 '대만의 이름으로' 대만의 발전을 상상하는 공간이 되었다. 여기에는 해서의 발전에 관여하는 '대만 요인'

을 식별하고 패러디하는 것이 필요하다. 하지만 이러한 인식만으로는 단편적이고, 파편화되고, 심지어 혼란스럽고 모순적이다. 흥미로운 것은 대만도 차이를 재구성하기 위해 '중국 요인'을 성찰하는데, 해서 역시 '대만 요인'에 대해 판별하고 청산하며 전환하고 있다는 점이다. 해서 발전의 긴장은 중국을 벗어난 대만 요인을 어떻게 중국 요인이 언급될 수 있도록 재현할 수 있는지에 있다.

끝으로 이 연구는 중국과 대만 요인의 이중적 진입·퇴출(nation building)을 넘어 경계로서의 해서가 어떻게 (중국적·대만적) 국가 발전(state building)으로 프레임되는지, 그리고 어떻게 경계의 틈새를 통해 국가 공간이 전복되고 전환되는지를 정리한다.

우선, 해서에는 지정학적, 지경학적인 희망과 공포[35]가 교착되어 있다. 국공내전의 대치로부터 본래 대외무역의 창구였던 해서연안의 여러 도시가 전쟁의 진지로 개조되었다. 군사화와 반발전(反發展)이 현실과 욕망의 차이를 두드러지게 했고, 진지 맞은편의 대만이 글로벌 생산 분업에 편입되자 적지 않은 해서 사람들이 이 틈을 이용해 반대편의 '친밀한 적'을 찾기 시작했다. 이에 따라 체제 밖의 발전 기회가 펼쳐졌다. 만약 지정학적, 지경학적 차이에 대비하지 않는다면 지방 정권이 기존 체제에서 가장 동떨어진 민영경제 발전모델을 과감히 도입하여 민영기업 발전모델의 선도자가 되는 것을 지지하기가 어렵다. 현재 중국 연해에 위치한 민영기업들의 발전에 대한 학계의 해석은 면밀한 사회연결망 또는 지방재산권제도의 혁신으로 귀납될 수 있다(陳志

35 Sparke(2007)를 참고할 것

柔, 2001; 費孝通, 1999). 그러나 이처럼 현지의 내부 요인을 찾는 해석은 관계적 자본의 운용과 사회조직의 탄력성이 중국에서 보편적임을 소홀히 하고, 왜 해서 연해도시의 민영기업들만 발전이 가능했는지를 합리적으로 논증할 수 없다. 또한 해서 연해도시가 왜 사회주의국가체제하의 '시장제'와 '사유제'의 예외 공간이 되었는지를 설명할 수 없다. 따라서 왜 국가가 체제의 예외를 '필요'로 했는지, 왜 국가가 '해서에서' 예외를 허용했는지를 이해할 필요가 있다. 해서 발전의 특수성은 지정학적, 지경학적 경계화의 과정을 등한시하면 합리적으로 해석할 수 없는 것이다.

만약 해서의 특수성을 양안의 변경이라는 위치(비록 예기치 않은 형성이라 하더라도) 탓으로 돌릴 수 있다면, 가장 근접성(鄰近性)이 있는 해서를 전략적으로 선택하는 것이 합리적으로 보인다. 문제는 무엇을 근접성이라고 하는가이다. 해서는 하나의 공간 단위, 특정한 공간적 속성을 갖춘 사회, 경제, 문화적 기초가 결핍되어 있다. 따라서 대만이 아니었다면 해서는 없었을 것이다. 즉, 해서는 대만과의 '상호관계'에서 의의를 얻는다. 일방적으로 대륙으로부터의 자기 인식을 통해 성립된 전략적 이성만으로는 대만에서 대륙을 보는 상상과 욕망에 대응할 수 없고, 역으로 폭로될 수 있으며, 나아가 중국-해서-대만 간 차이 인식의 모순을 격화시킬 수도 있다.

해서 입장에서 대만의 이름으로 공동의 터전을 만드는 일은 해서의 발전을 위한 것이다. 한편으로 해서는 대만의 시선을 가지고 대만을 재현하는 화신이 되었다. 다른 한편으로 이렇게 해서가 대만의 거울상이 되는 것은 중국이 참조할 수 있는 지식이기도 하다. 중국의 사회·경제·정치·문화적 자원은 대만의 화신이 된 해서에서 다시 조립될 가능성이 있다.[36] 이때 해서는 경계로서 양안관계의 쇼케이스가 된다.

중국이 대만을 수단으로 삼은 것처럼 대만 역시 중국을 수단으로 삼았다. 해서에 대한 대만의 냉대도 양안관계를 소원하게 하려는 뜻이 아니라 양안관계로 프레임된 해서를 원하지 않는 것이라고 할 수 있다. 사실 해서의 발전적 지향이 꼭 대만에 대한 임무에 속박될 필요는 없다. 해서는 대만과 대륙의 창구가 되고자 노력했을 뿐만 아니라 금마의 역할과 위상도 바꾸어놓았다. 해서는 중국과 세계의 중개 허브를 꿈꾸면서 대만이 전지구적 생산네트워크에서 차지하는 경쟁 니치(niche)에 도전했다. 경제특구는 중국 입장에서 발전의 수단이고, 특구화 거버넌스 기술은 정치·경제·사회 공간의 예외를 창조하며, 중국과 글로벌 생산이 연계도록 한다(Ong, 2004). 1980년대에 대륙이 선전, 주하이, 샨터우, 샤먼에 건설한 경제특구는 개혁개방의 상징이 되었고, '중국 굴기'를 따라 경제특구가 대량으로 복제·확산되어 '특별하지 않게' 되면서 문제가 되었다. 특구는 더 이상 발전의 중심이 아니고, 특구를 통해 '세계를 중국으로 끌어들이는' 방식이 필요하지 않게 되었다. 중국이 세계를 보는 방식과 세계에서 받는 기대도 이전과 달라졌다. '일대일로(一帶一路)'의 중국몽은 특구 전략의 또 다른 측면인 '중국을 세계로'를 부각시켰다. 중국은 대만에 기대어 세계로 나아가는 것이 아니라 중국이 세계로 나아가는 길로 대만을 인도한다. 양안관계도 대만의 청년이 중국의 길을 따라 시대를 창조하는 것으로 재정의되었다. 바꾸어 말하면, 양안의 '공간적 경계' 관계가 '시간

36 스즈위(石之瑜) 대만대학 정치학과 교수의 편지와 수업 토론에서 영감을 얻었다.

의 진행 과정' 관계로 치환된 것이다.

그렇다면 동남연해가 아닌 해협서안으로 인식하는 '해서 시각'이 양안관계로 자리 잡았을까? 한마디로 말하면, '타자'를 주체로 삼고 그러한 상상적 주체의 위치에 따라 자신을 객체화하며 이른바 '발전'을 체현했다. 발전이란 자신과 타자의 관계성을 전환하는 지식과 실천이다. 양안은 모두 서방을 향한 발전 속에서 자신을 인식하고 동시에 서로를 타자화했다. 한국 학자 백낙청(白樂晴, 2010)은 한반도의 '분단체제'가 '내부'에서부터 해체되어야 한다고 이해했다. 인민의 주체적이고 적극적인 상호 이해를 통해 분단정권의 황당무계함을 부각시켜야 한다는 것이다.[37] 비슷한 맥락으로, 대만해협의 양안관계에 대해서 정훙성(鄭鴻生, 2009)은 문화와 역사를 회복하고 긍정하는 중국을 방법으로 삼아 내부로부터 인민 상호 간 이해를 통해 적대를 화해시키자고 주장했다. 그러나 해서 시각의 변주는 오히려 인민 간 '왕래'의 한계를 부각시켰다. 관계 주체의 형상은 내부와 외부 모두에 영향을 미치지만, 서로 다른 척도, 위치와 역할의 뒤얽힘을 섬세하게 살피고 자신이 처한 시간과 공간의 감각을 장악해야 관계 주체 간의 '왕래'가 어떤 의의를 만들 수 있는지 비로소 이해할 수 있을 것이다.

---

37 백낙청(2010)은 '분단체제'로 한반도 정세를 이해하고, 세계체제에서 주변부가 중심부 의 지배와 억압을 받는 것을 보고, 강한 권력 간의 대치 가운데 하나의 민족(nation)이 형성되는 동시에 두 개의 국가(state)가 존재하는 상황을 살필 필요가 있다고 지적했다. 한국과 북한은 각각 한민족 전체를 향해 공동의 민족의식을 만들어내는 동시에 자신만이 민족을 체현할 수 있는 유일한 주체로 선포하면서 상대를 소멸함으로써 통일민족의 건설을 완성하고자 했다. 양국의 정치권력은 중심부로부터 지배를 받을 뿐만 아니라 상호 박멸을 맹세하는 고도의 대항적 긴장 속에 놓여 있다. 더 중요하게는 이러한 대항성을 통해 전체 사회를 움직이는 권력을 획득하고 대내적으로 통치 압박을 행사할 수 있는 구실로 삼는 데 유리하단 점이다. 사회에 대한 국가의 통제와 압박(노조 탄압, 반대단체 해체, 자원의 독점적 배치 등)은 자본의 확장과 축적에 유리한 조건을 제공한다. 아이러니하게도 각각의 두 정치권력은 상대가 지속적으로 존재하는 상황을 필요로 하며, 그래야만 권력을 지속적으로 유지할 수 있다. 또한 두 정치권력은 상대를 박멸하겠다는 선포에도 불구하고 실제로는 상대의 존재를 통해 자신의 존재 필요를 증명할 수 있다.

대만해협 양안의 상호작동을 회고할 때 주·객체 시각의 호환은 오직 해서에서만 있었다. 필자는 양안관계의 미래를 논할 능력도, 의도도 없으며, 해서가 이미 양안관계의 역사가 되었는지에 대해서도 단정할 수 없다. 다만, '해서 시각'의 공간적 의의-주객을 치환하는 방법으로 양안관계를 재조립할 기회를 만들고, 나아가 목적으로서 대만과 중국이 세계로 나아가도록 하는 의의-가 얽히고설킨 역사적 상황 속에서 다시 인식되고 파악될 필요가 있음을 지적하고자 한다.

참고문헌

- Abbott, A., 1995, Things Of Boundairies. Social research, 857-882
- Agnew, J., 2003, Geopolitics: Re-visioning World Politics (2nd ed.). London: Routledge
- Alvarez Jr, R. R., 1995, The Mexican-US border: the making of an anthropology of borderlands. Annual Review of Anthropology, 24(1), 447-470
- Brenner, N., 2004, New state spaces : urban governance and the rescaling of statehood. New York: Oxford University Press
- Donnan, H., & Wilson, T. M., 1999, Borders: Frontiers of Identity, Nation and State. Oxford, UK: Berg
- Jessop, B., 1990, State theory: putting the capitalist state in its place. PA: Pennsylvania State University Press
- Jessop, B., Brenner, N., & Jones, M., 2008, Theorizing sociospatial relations. Environment and planning. D, Society and space, 26(3), 389
- Jones, R., 2009, Categories, borders and boundaries. Progress in Human Geography, 33(2), 174-189
- Mezzadra, S., & Neilson, B., 2013, Border as Method, or, the Multiplication of Labor. Durham, NC: Duke University Press
- Newman, D., 2011, Contemporary Research Agendas in Border Studies: An Overview. In D. Wastl-Walter (Ed.), The Ashgate Research Companion to Border Studies (pp. 33-47). Farnham, UK: Ashgate

- Newman, D., & Paasi, A., 1998, Fences and neighbours in the postmodern world: boundary narratives in political geography. Progress in Human Geography, 22(2), 186-207
- Ong, A., 2004, The Chinese Axis: Zoning Technologies and Variegated Sovereignty. Journal of East Asian Studies, 4(1), 69-96
- Paasi, A., 2011a, A Border Theory: An Unattainable Dream or a Realistic Aim for Border Scholars. In D. Wastl-Walter (Ed.), The Ashgate Research Companion to Border Studies (pp. 11-31). Farnham, UK: Ashgate
- Paasi, A., 2011b, Borders, theory and the challenge of relational thinking. J Political Geography, 30(2), 62-63
- Rumford, C., 2012, Towards a multiperspectival study of borders. Geopolitics, 17(4), 887-902
- Salter, M. B., 2012, Theory of the: The suture and critical border studies. Geopolitics, 17(4), 734-755
- Sohn, C., 2016, Navigating borders' multiplicity: the critical potential of assemblage. Area, 48(2), 183-189
- Sparke, M., 2007, Geopolitical Fears, Geoeconomic Hopes, and the Responsibilities of Geography. Annals of the Association of American Geographers, 97(2), 338-349

- 中時電子報, 2014.3.25., 國台辦重申 合作帶來實質利益(Retrieved from http://www.chinatimes.com/newspapers/20140325000982-260301)
- 中國評論新聞網, 2009.7.31., 陸委會：ECFA和海西是兩碼事(Retrieved from http://www.chinareviewnews.com/doc/1010/3/5/8/101035835.html?coluid=7&kindid=0&docid=101035835)
- 中華人民共和國國家發展和改革委員會, 2011, 海峽西岸經濟區發展規劃(Retrieved from http://www.fujian.gov.cn/zwgk/ghxx/ghgy/201104/t20110409_350471.htm)
- 中華人民共和國國務院, 2009, 國務院關於支持福建省加快建設海峽西岸經濟區的若幹意見(Retrieved from http://www.gov.cn/zwgk/2009-05/14/content_1314194.htm)
- 白樂晴, 2010, 分斷體制, 民族文學, 台北市: 聯經
- 林正修·朱凌毅, 2014, 大陸海西區吸納我國人才相關措施及因應策略方案, 中華民國行政院大陸委員會委託研究報告
- 林正修·劉昭吟, 2012, 大陸海西區規劃對台商投資之機會與風險分析, 中華民國行政院大陸委員會委託研究報告
- 林宗弘·曾惠君, 2014, 戶口的政治: 中國大陸與台灣戶籍制度之歷史比較, 中國大陸研究, 57(1), 63-96
- 林庭瑤, 2009.10.5., 張秋：皇帝的女兒不愁嫁, 世界新聞網(Retrieved from http://www.worldjournal.com/view/full_news/3825445/article-%E5%BC%B5%E7%A7%8B%EF%BC%9A%E7%9A%87%E5%B8%9D%

E7%9A%84%E5%A5%B3%E5%85%92%E4%B8%8D%E6%84%81%E5%AB%81?instance=iNews)

- 林祖嘉·陳建良, 2006, 台灣與海峽西岸經濟區發展的關係, 公共事務評論, 7(2), 1-22
- 唐永紅, 2010, 海西區先行先試戰略可與兩岸ECFA連接, 中國評論, 146, 58-60
- 夏樂生, 2009, 從〈〈加快建設海西區若干意見〉〉的發布及〈海峽論壇〉的召開看〈海西區〉未來發展, 展望與探索, 7(6), 14-22
- 孫麗朝, 2012.2.15., 平潭有望成臺胞第二生活圈 共同管理關鍵在於"放", 中國新聞網(Retrieved from http://dailynews.sina.com/bg/tw/twpolitics/chinanews/20120214/06563145025.html)
- 席代麟·翁宗堯, 2003, 金門地區走私偷渡問題之研究, 警學叢刊, 34(2), 241-268
- 曹雅評, 2017, 捕魚好苦阿！戰地政務體制下的馬祖漁業及漁民家庭處境, 世新大學社會發展研究所碩士論文
- 陳志柔, 2001, 中國大陸農村財產權制度變遷的地方制度基礎：閩南與蘇南的地區差異, 台灣社會學, 2, 219-262
- 陳祥健, 2005, 保持社會安定穩定促進海峽西岸經濟區發展 - 論建設"平安福建"與建設海峽西岸經濟區的關係, 福建法学, 1, 50-55
- 陳斌華·許雪毅, 2012.6.1., 平潭之問：來自平潭綜合實驗區一線的報告. 新華社(Retrieved from http://hk.crntt.com/doc/1021/2/7/5/102127578.

html?coluid=7&kindid=0&docid=102127578)

- 費孝通, 1999, 蘇南鄉村發展的新趨勢, 瞭望(27), 44-46
- 黃昭能, 2009, 福建在建構兩岸關係之角色研究, 展望與探索, 7(10), 49-68
- 趙彥寧, 2007, 親屬連結、社會規範與國境管理：中國福建省無證移民的研究, 台灣社會學, 13, 129-171
- 鄭鴻生, 2009, 台灣人如何再作中國人：超克分斷體制下的身分難題, 台灣社會研究季刊, 74, 95-139

Ⅱ

한반도 평화체제의 딜레마 그리고 미래

4장

한반도 안보 딜레마와 평화체제
: 2019년 12월 한반도 위기와 북한의 '경제·핵 병진노선'의 길[1]

구갑우
북한대학원대학교, 대한민국

1 이 글은 〈동향과 전망〉(108호, 2020)에 게재되었다.

1

문제 설정: 2019년 12월 위기의 원인

2019년 12월의 한반도는 다시금 전쟁위기가 감돌았다. 2019년 10월 중립국감독위원회의 구성원인 스웨덴의 스톡홀름에서 열린 북한과 미국의 실무협상이 결렬된 이후, 전쟁의 은유를 담은 북한과 미국이 쏟아낸 말과 행동의 공방 때문이었다. 2019년 2월 하노이 북미정상회담이 합의를 도출하지 못하고, 북한의 김정은 국무위원장이 4월 최고인민회의 시정연설에서 '올해 말까지'란 협상시한을 설정했기에 2019년 12월은 주목의 달이 될 수밖에 없었다.[2] 12월 16일 한국을 방문한 비건(Stephen Biegun) 국무부 부장관 내정자는 미국은 마감시한을 가지고 있지 않다고 말하며 북한에 회동을 공개적으로 제안했지만, 북한은 공식적 반응을 보이지 않았다.[3] 북한은 2019년 1월 신년사에서 미국이 제재와 압박을 계속한다면 한반도의 평화와 안정을 위해 '부득불 새로운 길'을 가겠다고 했었기에 12월 28-31일 열린 조선로동당 제7기 5차 전원회의가 큰 주목을 받았다.

재일조선인총연합이 발간하는 〈조선신보〉는 2019년 11월, 2019년 말까

---

2 북한의 공식 발표문은 https://kcnawatch.org 참조

3 평화과정에서 마감시한 설정은 보통 양심적 중재자의 몫이다. 갈등 당사자들에게 타협을 강제하고 폭력적 갈등을 예방하기 위한 조치다. 그러나 한반도 평화과정에는 불행히도 양심적 중재자가 없었다. 이에 북한은 간접적으로 협상의 종료 시점을 만들곤 했다. 효력 발생을 위해서는 3개월을 필요로 하는 핵확산금지조약 탈퇴도 그 방법 가운데 하나였다. 1993년 3월 북한의 핵확산금지조약 탈퇴선언은 효력 발생 전에 북미협상으로 봉합되었다. 2003년 1월 북한의 핵확산금지조약 탈퇴선언은 마감시한에 즈음하여 북한이 핵을 개발하겠다는 의지를 표명하는 방식으로 종료되었다(구갑우, 2019).

지 3차 북미정상회담이 열리지 않으면 '대화의 기회'가 사라진다고 보도했다. 2020년 1월 1일 "우리의 전진을 저애하는 모든 난관을 정면돌파전으로 뚫고나가자"는 조선로동당 제7기 5차 전원회의 보도에서는 "미국이 시간을 끌면 끌수록, 조미관계의 결산을 주저하면 할수록 예측할 수 없이 강대해지는 조선민주주의인민공화국의 위협 앞에 속수무책으로 당할 수밖에 없게 되여 있으며 더욱더 막다른 처지에 빠져들게 되여 있"다고 말하면서 자신들이 설정한 "년말 시한부를 무난히 넘겨 치명적인 타격을 피할 수 있는 시간벌이를 해보자" 한다고 미국을 비난했다. 미국의 반응은 김정은 국무위원장은 비핵화의 약속을 지킬 것이라는 트럼프 대통령의 말과 북한의 핵·미사일 실험 중단의 대가로 '대규모(large scale)' 한미연합군사훈련의 중단을 지불했다는 폼페이오 국무부 장관의 발언이었다.[4] 미국 본토를 위협할 수 있는 북한의 '새로운 전략무기' 개발 의지에 대해 미국이 보인 대응이었다.

2019년 12월 위기를 통과하며 북한은 경제가 '기본 전선'이지만 핵억제력의 '강화의 폭과 심도는 미국의 금후 대조선 립장에 따라 상향 조정'되는 '경제·핵 조건부 병진노선'을 선택했다.[5] 여기서 두 가지 질문이 제기된다. 첫째, 2018년 4월 판문점 남북정상회담, 6월 싱가포르 북미정상회담, 9월 평양 남북정상회담, 2019년 2월 하노이 북미정상회담, 6월 판문점 남·북·미 정상회동이란 역사적 사건의 연쇄에 어울리지 않는, 당혹스러운 2019년 12월 위기

---

4 "Pompeo hopes North Korea's Kim chooses 'peace and prosperity over conflict and war'" (https://www.reuters.com/article/us-northkorea-usa-pompeo/pompeo-hopes-north-koreas-kim-chooses-peace-and-prosperity-over-conflict-and-war-idUSKBN1YZ1FK) (Accessed 2020. 1.

5 2020년 1월 전원회의 보도(영문)에서는 '상향 조정'이 'properly coordinated(적절히 조정될 것)'로 표현되었다.

가 왜 발생했으며, 북한이 왜 경제·핵 조건부 병진노선으로 선회했는가이다. 2020년 신년사를 대체한 전원회의 보도에서 북한은 미국의 협상 태도를 '날강도'로 묘사했다.[6] 둘째, 한국의 문재인 정부는 집권 10개월여가 지날 무렵 남북정상회담을 가졌다. 진보정부로 평가되는 김대중 정부가 집권 3년차에, 노무현 정부가 집권 5년차에 남북정상회담을 개최한 점을 감안하면, 문재인 정부가 한반도 평화과정에서 역할을 제고하리라는 기대를 갖게끔 하는 대목이었다. 그러나 2019년 12월 위기 속에서 남북관계는 정체 상태에 빠졌다. 하노이 북미정상회담 이후 북한의 대남 '무시정책' 때문이었다. 북한의 전원회의 보도에서도 남북관계에 대한 언급은 없었다. 여기서 왜 한국은 중재자 역할을 하지 못했는가라는 질문이 나온다.

세 가지 원인을 생각해볼 수 있다. 첫째, 2017년 말부터 재개된 한반도 평화과정에서 억제되었던 한반도 안보 딜레마(security dilemma)가 2019년 2월 하노이 북미정상회담 이후 재발했다. 북한 대 한미의 경쟁적 군비증강 움직임이 재출현한 것이다. 둘째, 한반도 안보 딜레마에서 탈출하는 한 방법인 한반도 평화체제 구축과 한반도 비핵화를 교환하는 협상의 오작동이었다. 역사적 기원을 달리하는 두 교환 품목의 선후를 둘러싼 북미의 갈등이 개선되지 않았다. 셋째, 남북정상회담의 합의가 북미대화에서 관철되지 않았다. 한국이 북미대화를 중재하기 위해 또는 전시작전통제권 환수를 위해 동원한 미국산 무기 수입과 같은 군비증강은 한반도 안보 딜레마의 재발에 기여했다. 결국 미국의 대북제재가 완화되지 않는 조건하에서 북한은 핵억제력의 강

---

6 1957년과 1987년 북한은 신년사를 발표하지 않았다. 1987년에는 1986년 12월 30일 최고인민회의 시정연설로 신년사가 대체되었다.

화로 대응했다. 한반도 평화체제의 구축, 한반도 비핵화, 한미동맹의 전환이란 세 의제를 둘러싼 남·북·미의 엇박자가 만들어낸 12월의 위기였다.

2

한반도 안보 딜레마와 평화체제: 이론과 역사

1953년 7월 27일, 한반도에서는 평화 정착(peace settlement)을 유보한 채 전쟁을 일시적으로 중단하는 정전협정(armistice agreement)인 '조선인민군 최고사령관 및 중국인민지원군 사령원을 일방으로 하고 련합국군 총사령관을 다른 일방으로 하는 조선 군사정전에 관한 협정'이 체결되었다.[7] 2차 세계대전 이후의 군사적 분쟁 종식은 정전협정과 같은 임시적 형태를 거쳤다. 예를 들어 1949년에 체결된 이집트-이스라엘 정전협정. 요르단-이스라엘 정전협정, 이스라엘-시리아 정전협정 등이다. 따라서 정전협정에는 평화 정착을 위한 협상을 권고하는 조항들이 포함되곤 했다(김학재, 2015, 175-176). 한반도 정전협정에도 서언에 "최후적인 평화적 해결이 달성될 때까지 조선에서의 적대 행위와 일체 무장행동의 완전한 정지를 보장하는 정전을 확립할 목적"이 담겼다.

7 "Agreement between the Commander-in-Chief, United Nations Command, on the one hand, and the Supreme Commander of the Korean People's Army and the Commander of the Chinese People's Volunteers, on the other hand, Concerning a Military Armistice in Korea". 정전협정의 북한판 원문은 군 언론매체인 〈조선인민군〉 1953년 7월 28일자 '부록'에 실려 있다.

평화협상을 권고하는 정전협정 4조 60항은 "조선 문제의 평화적 해결을 보장하기 위하여 쌍방 군사사령관은 쌍방의 관계 각국 정부에 정전협정이 조인되고 효력을 발생한 후 삼(3)개월 내에 각기 대표를 파견하여 쌍방의 한급 높은 정치회의를 소집하고 조선으로부터의 모든 외국 군대의 철거 및 조선 문제의 평화적 해결 등 문제들을 협의할 것을 이에 건의한다"는 내용이었다. 북한은 《조선중앙년감, 1951-1952》에 이 조항이 북한과 중국의 '주동적 제안'으로 만들어졌다고 기록했다. 이 60항은 즉각적인 외국군 철수를 주장했던 북중과 정전협정 이후 외국군 철수를 논의하자는 유엔군의 안을 타협한 결과였다(홍용표, 2006). 남북한 모두 이 정전협정 60항을 평화체제(peace regime, peace mechanism)의 국제법적 근거로 소환하고 있다.[8] 더불어 정전협정 부칙인 5조 62항, "본 정전협정의 각 조항은 쌍방이 공동으로 접수하는 수정 및 증보 또는 쌍방의 정치적 수준에서의 평화적 해결을 위한 적당한 협정 중의 규정에 의하여 명확히 교체될 때까지는 계속 효력을 가진다"도 평화협정이 포함된 평화체제의 필요를 적시한 내용으로 읽힌다.

정전협정 4조 60항에 근거한 한반도 평화체제 구축은 2020년 1월 북한의 조선로동당 중앙위원회 전원회의 보도에서 "조선반도에 항구적이며 공고한 평화체제가 구축될 때까지"라고 언급된 것처럼 현재적 과제다. 4조 60항에 따라 소집된 1954년 4-6월까지의 제네바 정치회담에서 연합군 측은 중공군 우선 철수를, 공산군 측은 중공군과 유엔군의 즉각 동시 철수를, 한반도 문

8 평화체제의 번역어로 한국과 미국은 peace regime을, 북한과 중국과 러시아는 peace mechanism을 선호한다. 그러나 2005년 6자회담의 9.19 공동성명과 2018년 6월 12일 북미 싱가포르선언에서 북한은 peace regime이란 번역어에 동의했다. mechanism이 구조와 동학과 균형에 초점을 맞춘다면, regime은 법적·제도적 측면을 강조한다. 2020년 1월 1일 당중앙위원회 전원회의 보도에서는 'peace-keeping mechanism'으로 표현되었다.

제와 관련하여 연합군 측은 유엔 감시하의 인구비례 총선거를, 공산군 측은 남북 대표가 동수로 참여하는 '전조선위원회'가 총선거법을 마련한 후 중립국 감시단하의 총선거를 주장했다(장달중 외, 2017, 7장). 제네바 정치회담에서 북한 대표 남일은 정전협정 4조 60항에 따라 정치회담이 개최되기 전인 1953년 10월 체결된 한미상호방위조약을 '미군의 무기한 강점'을 정당화하는 것이라고 비난했다.[9] 결국 제네바 정치회담은 한반도의 분단을 제도화했다.

제네바 정치회담의 결렬과 더불어 한반도 정전체제(armistice regime)가 완성되었다. 국제체제(international regime)로서 정전체제는[10] 정전협정에 명시된 것처럼 정전이란 목적의 실행을 위한 서명 당사국의 권리와 의무, 행동의 기준, 그리고 정전의 실행을 위한 방식을 담고 있다. 또한 정전체제에는 정전협정과 함께 전쟁이 없는 상태인 소극적 평화(negative peace)를 가능하게 하는 세력균형의 제도적 장치인, 1953년 10월 체결된 한미동맹이 포함되었고, 1961년 7월 체결된 북소·북중 동맹이 추가되었다. 다른 시각에서 보면, 정전체제는 '하나의 특수한 평화체제'로서 '판문점체제'일 수 있다(김학재,

9 제네바 정치회담에서 북한 대표단은 본회의 심의를 위해 다음과 같은 '방안'을 제출했다(《〈조선중앙년감〉》, 1954, 350). 첫째, 비례적 원칙을 준수하면서 가능한 한 짧은 기간 내에 조선지역으로부터 모든 외국 무력을 철거하기 위한 대책을 취할 것을 해당 국가 정부들에 권고할 것. 둘째, 1년 기한 내로 조선민주주의인민공화국과 대한민국의 군대 수효를 축소시키되 각 군대의 수효가 10만 명을 넘지 않게 할 것. 셋째, 전쟁 상태를 점차적으로 퇴치하기 위한 조건들을 조성하며 쌍방의 군대를 평화 상태로 전화시킬 데 대한 문제를 심의하여 조선민주주의인민공화국 정부와 대한민국 정부에 해당한 협정을 체결할 것을 제의하기 위하여 조선민주주의인민공화국과 대한민국 대표들로 위원회를 구성할 것. 넷째, 남북 조선을 물론하고 다른 국가들과의 사이에 군사적 의무와 관련되어 있는 조약들이 존재하는 것은 조선의 평화적 통일의 리익과 양립될 수 없음을 인정할 것. 다섯째 남북조선을 접근시키기 위한 조건들을 조성할 것을 목적으로 조선민주주의인민공화국과 대한민국 간의 경제 및 문화 교류, 즉 통상, 재정 회계, 운수, 경계선 관계, 주민의 통행 및 서신의 자유, 과학·문화 교류 및 기타 관계를 설정하며 그를 발전시킬 데 대한 합의된 대책들을 강구, 실시하기 위한 전조선위원회를 구성할 것. 여섯째, 조선의 평화적 발전을 제네바 회의 참가국들이 보장하며 그리함으로써 조선을 단일한 독립적 민주주의적 국가로 평화적으로 통일하는 과업을 급속히 해결함에 도움을 줄 수 있는 조건들을 조성할 필요성을 인정할 것.

10 미국적 국제정치학에서 국제체제는 '국제관계의 주어진 이슈 영역들에서 행위자의 기대가 수렴되는 암묵적 또는 명시적 원칙, 규범, 규칙, 그리고 의사결정 절차의 집합'으로 정의된다(Krasner, 1983).

2015, 463-464). 판문점체제는 제네바 정치회담에서 볼 수 있는 것처럼, 한반도 문제의 정치적 해결은 유예되는 정전체제였고, 한미군사동맹과 한국의 근대화가 결합된 국제체제였다. 따라서 한반도에서 정전체제를 극복하는 대안인 평화체제는 그 내부에 한미동맹과 북소·북중 동맹의 형태 변환을 내장하지 않을 수 없었다.[11] 정전체제를 대체하는 평화체제에 대한 구상은 정전체제의 한 구성 요소인 두 분단국이 체결한 동맹과 모순적 관계에 직면할 수밖에 없다는 의미다(구갑우, 2018a. 85-86).

한반도 정전체제는 한반도 안보 딜레마를 생산하는 기제(였)다(구갑우, 2018c, 142-143). 군비증강을 금지한 정전협정 조항에 대한 상호 위반은 한반도를 군비증강을 통해 자신의 안보이익을 극대화하려는 행위가 상대의 군사적 대응을 야기해 자신의 안보이익을 감소시키는 안보 딜레마가 일상화된 지역으로 만들었다(Jervis, 1978). 한반도 안보 딜레마는 식민시대에는 단일한 실체였지만 탈식민(post-colonial)시대에는 두 개의 국가로 분단된 상태에서 하나의 국가 만들기, 즉 통일을 지향하고자 할 때 전쟁과 같은 폭력적 방법으로 일방이 타방을 흡수하고자 하는 계기가 될 수 있다는 점에서 그 특이성이 있다. 즉, 불완전한 주권국가인 분단국가 사이의 안보 딜레마는 '생존 딜레마'의 형태를 띠곤 한다(전재성, 2017). 또 다른 특이성은 한반도 안보 딜레

11 정전체제와 대칭적으로 정의한다면, 한반도 평화의 제도화로서 평화체제는 소극적 평화를 넘어서는 '어떤 평화'를 추구하는 목적과 규범과 규칙 그리고 의사결정 절차의 집합이다. 한반도에서 세력균형을 넘어서는 평화는 '안정적 평화(stable peace)'일 수 있다. '전쟁의 확률이 매우 작아서 관련 당사자 누구의 계산으로도 전쟁을 시작하지 못하는 상황'의 도래다(Boulding, 1978, 3). 보다 급진적이라면, 안정적 평화로 가는 과정에서 정치적 억압과 경제적 착취와 문화적 폭력이 사라진 상태를 지향하는, 즉 적극적 평화(positive peace)를 만드는 과정을 평화체제로 정의할 수 있다. 이 과정에서 행위자들은 '공감, 비폭력, 그리고 창조성을 가지고 갈등을 다룰 수 있는 능력'을 갖추어야 한다(Galtung et al., 2000). 안정적 평화와 적극적 평화를 충돌하는 개념으로 보며 안정적 평화에 기반한 평화체제를 안보체제(security regime)로 보는 견해는 이상근(2018) 참조

미가 핵무기와 연계되었다는 점이다.

첫째, 1957년 6월 유엔군사령부는 군사정전위원회에서 한반도 문제의 '평화적 해결'을 위해 군비증강을 금지한 정전협정 2조 13항을 무력화하고, 1958년 남한에 전술핵무기를 도입했다.[12] 북한에 주둔하고 있던 중국군이 철수할 즈음이었다. 결국 북한은 1961년 7월 소련, 중국과 군사동맹을 체결하면서 소련으로부터 사실상의 핵우산을 제공받는 방식으로 '균형 맞추기(balancing)'를 시도하면서 국제제도로서 '평화지대' 건설이라는 대안을 제시했다.

둘째, 1970년대 초반 미국이 1969년 1월의 닉슨독트린에 따라 주한미군 감축을 시도하자 한국의 박정희 정부는 핵개발로 대응했다(이삼성, 2018, 181-192). 이에 미국은 한국에 핵무기가 배치되어 있다는 사실을 공개하고 한국에 대한 핵우산 제공 의지를 다시금 밝혔으며, 1976년부터는 대규모 한미연합군사훈련을 시작했다. 즉, 미국은 한미동맹 강화를 통해 박정희 정부의 핵개발 의지를 막고자 했다(구갑우, 2018a, 90).

셋째, 탈냉전시대 한반도 안보 딜레마의 본질은 북한의 핵무기 대 한미동맹의 대립 구도로 보인다. 북한의 내적 세력균형정책 대 한국의 외적 세력균형정책 또는 북한의 핵억제력 대 한미의 확장 억제와 한국의 자주국방이 맞서고 있는 형국이다. 이 안보 딜레마는 중국이 패권국가로 부상하면서 미중의 패권경쟁과 연계되는 세 번째 특이성을 갖게 되었다(구갑우, 2018a, 104; 2018c, 106). 북한의 김정은 국무위원장은 2017년 말 재개된 한반도 평화

12 유럽과 동아시아에서 소련의 재래식무기가 가하는 위협을 '저비용 고효율'의 핵무기를 통해 억지하겠다는 전략의 일환이었다(이삼성, 2018, 175-181).

과정에서 남북정상회담을 일주일 여 앞둔 2018년 3월, 중국을 전격 방문했다. 2018년부터 2019년까지 2년 동안 다섯 차례의 북중정상회담이 개최되었고, 2019년 6월 평양에서 개최된 북중정상회담에서는 북한의 합리적인 '안전'과 '발전'이 의제로 다루어졌다.[13] 즉, 북한은 한반도 평화과정 속에서 미국과 패권경쟁을 벌이는 중국과 함께 미국에 대한 균형 맞추기를 시도했다.

한반도에 일상화되어 있는 안보 딜레마에서 탈출하는 방법은 다음과 같이 정리할 수 있다(구갑우, 2018c, 143). 첫째, 안보 딜레마의 가속화를 주어진 현실로 받아들이는 것이다. 안보를 둘러싼 치킨게임의 최종 도착지는 전쟁이거나 서로의 억제력을 인정하는 공포의 균형일 수 있다. 둘째, 우회적이지만 남북한의 기능주의적 협력을 통해 안보 딜레마의 탈출을 시도할 수 있다. 그러나 안보 딜레마가 전쟁위기로 전이될 때 기능주의적 협력은 작동하지 않게 된다. 셋째, 안보 딜레마를 벗어나기 위해 서로 경쟁하는 한 축의 제거를 시도할 수도 있다. 그러나 전쟁과 같은 군사적 방법에 의한 안보 딜레마 탈출은 공멸로 이어질 수 있다. 넷째, 안보 딜레마에서 탈출하기 위한 제도적 해결책을 생각해볼 수 있다.

제도적 해결책 가운데 하나가 바로 평화체제 구축이다. 평화체제는 안보 딜레마를 생산하는 관련 행위자들이 딜레마에서 벗어나기 위해 국가 정

13 북한판 균형 맞추기의 또 다른 협력자는 러시아다. 2019년 2월 하노이 북미정상회담이 합의문을 만들지 못하고 약 2개월여가 지난 4월 25일 북한의 김정은 국무위원장은 1961년 동맹조약과 2000년 친선조약을 체결한 러시아를 방문하여 푸틴 대통령을 만났다. 북미대화와 남북대화를 지지한다는 입장을 밝힌 푸틴 대통령은 비핵화를 북한의 군축으로 정의했다. 비핵화의 대가인 평화체제와 관련하여 러시아는 6자회담의 재가동을 의제화했다. 한미가 북한에 보장하는 체제보장 메커니즘이 충분하지 않을 것이기에 '조선반도의 정세'를 공동으로 관리하는 다자안보 메커니즘이 필요하다는 것이었다. 러시아는 6자회담 실무그룹 가운데 '평화와 안보 메커니즘'의 의장국을 맡은 적이 있었다. 북러의 또 다른 의제는 남·북·러 철도, 전력, 가스관의 연결 사업이었다.

책을 서로 조정하는 방식의 협력을 통해 만들어질 수 있다. 국제제도로서 평화체제의 공급은 관련 행위자 가운데 특히 힘의 우위에 있는 국가가 안보 딜레마의 탈출을 위해 '일방적 포용(unilateral accommodation)'과 같은 선제적 협력을 추진하고, 국가 행동을 제약하는 제도의 건설, 사회 통합(societal integration), 새로운 서사와 정체성의 형성으로 이어지는 과정에서 정부 간 관계를 통해 공급되곤 한다(Kupchan, 2010).

2017년 4월과 8월, 한반도 안보 딜레마는 전쟁위기로까지 비화되었다(구갑우, 2018c, 144-150). 한미연합군사훈련에 대해 북한이 전쟁 불사로 맞서면서 발생한 위기였다. 4월 말 미국의 핵추진 항공모함을 비롯한 전략자산이 한반도에 진입했고, 만약 북한이 핵실험이나 대륙간탄도미사일실험을 했다면, 전쟁이 일어났을 수도 있었다. 2017년 6월 북한은 한미연합군사훈련의 중단과 자신들의 핵·미사일 실험을 중단하는 이른바 '쌍중단'을 다시금 제안했다. 2017년 8월 하순 한미연합군사훈련인 을지프리덤가디언훈련이 시작되었을 때 북한은 8월 말 일본 상공을 통과하여 미국령인 괌 주변에 떨어진 중거리탄도미사일(IRBM) 화성-12형을 발사한 데 이어 9월에는 6차 핵실험을 감행했다. 이어서 2017년 11월 29일에는 핵억제력의 한 구성 요소인 핵무기 운반체 화성-15형 대륙간탄도미사일 발사실험을 하고, 정부 성명으로 '핵무력 완성'을 선언했다.

그럼에도 한국 정부는 2017년 11월 유엔총회에서 올림픽과 패럴림픽 기간 동안 군사적 분쟁을 중단하는 결의안인 국제규범이 통과된 것에 근거하여 2017년 12월 19일 평창올림픽 기간 동안 한미연합군사훈련의 연기를 제안하면서 북한이 주장해온 쌍중단을 사실상 수용하고, 그에 따라 '평창임시평화체제'가 만들어졌다(구갑우, 2018c, 150-154). 평창임시평화체제는 한반도 안보 딜레마의 탈출을 위해서는 한미동맹의 수정이 불가피함을 보여준다. 쌍중단의 수용으로 다시금 비핵화와 평화체제가 동시 의제로 상정되었고, 북한은 남북한이 비핵화와 평화체제의 구축에 합의한 판문점선언 일주일 전인 4월 20일 조선로동당 중앙위원회 제7기 3차 전원회의에서 사실상의 개혁·개방 선언과 함께 핵·미사일 실험의 중단을 공식화했다. 한반도 안보 딜레마의 종식을 보는 듯했다.

3

한반도 평화과정 속의 안보 딜레마 : 2019년 12월 위기와 북한의 '경제·핵 조건부 병진노선'으로의 길

1) 북미협상의 교착과 한반도 안보 딜레마의 재발

2002년 10월 미국 정부는 북한이 고농축우라늄을 이용하여 핵개발을 진행하고 있다는 의혹을 제기했다. 이와 함께 제2차 핵위기가 시작되자 북한은 2003년 1월 다시금 핵확산금지조약(NPT)을 탈퇴했다. 이라크에 대한 미국의 군사 개입(2003년 3월) 직후인 2003년 4월, 북한은 외무성 대변인 담화를 통해 '억제력'이란 표현으로 핵무기 제조 의사를 밝혔다. 6자회담이 진행되고 있었던 2005년 7월에는 비핵화와 평화체제를 연계하며 "정전체제를 평화체제로 전환하게 되면 핵문제의 발생 근원으로 되고 있는 미국의 대조선 적대시정책과 핵 위협이 없어지는 것으로 되며, 그것은 자연히 비핵화 실현에로 이어지게 될 것이(고), 결국 평화체제 수립은 조선반도의 비핵화 목표를 달성하기 위해서도 반드시 거쳐가야 할 조정으로 된다"고 주장했다.[14] 그리고 2005년 6자회담의 9·19 공동성명에서 한반도 비핵화와 평화체제를 교환하는 합의가 이루어졌다.

2017년 말 재개된 한반도 평화과정 속에서 2018년 4월의 남북한 판문점선언과 2018년 6월의 북미 싱가포르선언을 통해 한반도의 비핵화와 평화체제를 교환하는 도식에 대한 합의가 다시금 이루어졌다. 평화체제는 미국과 한국이 제공하는 군사적·외교적·경제적 상응 조치의 형태로 예측되었다. 싱가포르에서 열린 '첫', '역사적' 북미정상회담 직후 트럼프 대통령은 한미연합군사훈련이 '도발적(provocative)'이었다고 인정하면서 중단하겠다고 선언했다. 한미연합군사훈련이 공식화된 이후 1991년을 제외하고는 처음으로 한미연합군사훈련의 중단을 공식화한 것이다. 2018년 4월 북한의 조선로동당 제7기 3차 전원회의에서 핵·미사일 실험의 중단을 선언한 것에 대한 호응으로, 미국이 제공한 군사적 상응 조치였다. 그러나 2019년 2월 하노이 북미정상회담에서는 한반도 문제의 해결을 위한 근본적 틀인 비핵화와 평화체제의 교환이 이루어지지 않았다.

본질적으로 논쟁적인 두 개념의 교환 과정에서는[15] 등가성을 맞추는 일

---

14 "조선 외무성 대변인, 미국이 정전유지정책을 평화체제 수립에로 전환할 것을 주장." 〈조선중앙통신〉, 2005. 7. 22.

15 한반도 평화체제와 연계되어 있는 개념인 비핵화(denuclearization)도 한반도 특수적이다. 국제관계학에서는 핵군축(nuclear disarmament) 또는 특정 지역에서 핵무기의 실험, 제조, 저장, 반입 등을 금지하는 비핵지대(nuclear-free zone)란 개념이 사용되어왔다.

이 쟁점이 될 수밖에 없다. 2005년 9월과 달리 현재 시점에서 북한의 핵능력은 북한식 표현에 따르면, '질량적으로' 증가했다. 6차례 핵실험을 했고, 핵 운반체로 대륙간탄도미사일과 잠수함발사탄도미사일 발사실험을 했다. 물론 북한의 핵·미사일 실험에 따라 유엔안보리의 대북제재 정도도 질량적으로 증가된 상태다. 또 다른 변수로, 미국과 중국의 패권경쟁을 지적할 수 있다. 미중 갈등은 평화체제 구축과 비핵화의 병행을 어렵게 하는 요인으로 작용한다. 따라서 한국은 북한의 핵능력 증가와 미중관계라는 구조적 변수의 영향을 고려하여 두 개념의 교환을 설계해야 했다.

비핵화를 핵시설, 핵물질, 핵무기, 핵기술, 핵투발수단의 제거로 정의한다면, 북한은 유형의(tangible) 자산을 폐기하는 대신 평화협정, 북미수교, 대북제재의 해제와 국제통화기금(IMF) 등의 국제기구 가입, 한미연합군사훈련 중단과 핵 관련 전략자산의 한반도 전개 금지와 같은, 사실상 가역적일 수 있는 무형의(intangible) 자산이 포함된 대가를 받을 수 있을 것이다. 따라서 이 같은 교환에서 '가치척도'의 문제가 제기될 수밖에 없다. 더불어 교환 과정에서 '시간 지체' 현상이 발생하면, 협상은 배신이 지배적 전략인 수인의 번민게임(죄수의 딜레마)과 같은 구조에 갇힌다. 협력게임이 되려면 상대방의 배신 가능성을 차단하는 행동 기준으로서의 규범이 필요하다. 9.19 공동성명에 말 대 말, 행동 대 행동의 원칙이 삽입된 이유도 그 때문이었다. 북한이 단계적, 동시적 접근을 선호하고, 미국이 비핵화의 최종 상태(end state)가 담긴 포괄적 합의 속에서의 동시적, 병행적(simultaneous and in parallel) 방법을 강조하는 이유도 서로의 배신 가능성 때문이다. 즉, 미국은 비핵화의 역진 가능성을, 북한은 평화체제의 종이화를 염두에 두고 있는 것이다.

2018년 9월의 남북한 평양공동선언에 "북측은 미국이 6.12 북미공동성명의 정신에 따라 상응 조치를 취하면 영변 핵시설의 영구적 폐기와 같은 추가적 조치를 계속 취해나갈 용의가 있음을 표명하"는 조항이 포함되었다. 그리고 상응 조치의 하나로 "남과 북은 조건이 마련되는 데 따라 개성공단과 금강산관광 사업을 우선 정상화하고, 서해경제공동특구 및 동해관광공동특구를 조성하는 문제를 협의해나가기로 하였다"고 적었다.[16] 그러나 비핵화의 과정과 최종 상태에 대한 남북한의 합의가 북미협상에서 관철되지 못했고, 개성공단과 금강산관광 사업의 정상화도 이루어지지 않았다. 미국은 영변 폐기 플러스 알파를, 북한은 경제제재의 부분적 해제를 요구했으나 절충에 이르지 못했다. 양자협상을 중재하는 제3자인 한국의 개입 한계를 노출한 사건이었다. 북한은 하노이 북미정상회담 이후 남한을 향한 공격적 또는 방어적 '무시정책'을 시작했다.

하노이 북미정상회담 이후 한 달여가 지난 2019년 4월, 북한은 조선로동당 중앙위원회 제7기 4차 전원회의를 개최했다. 가장 많이 거론된 단어는 '자력갱생', '자급자족', '자립적 민족경제' 등이었다. 선(先)대북제재 해제를 의제화하지 않는 미국에 대해 '장기전'을 준비하는 북한식 대응이었다. 김정은 국무위원장은 전원회의 직후 열린 최고인민회의 제14기 제1차 회의 '시정연설'에서 미국과 남한 각각에 신호를 보냈다. "제재해제 문제 때문에 목이 말라 미국과의 수뇌회담에 집착할 필요가 없다는 생각을 하게" 된다는, 2019년 2월 하노이 북미정상회담에서의 전략적 오류에 대한 나름의 반성과 함께였다.

16 또 다른 구절은 "한반도를 항구적인 평화지대로 만들기 위한 실천적 조치들을 적극 취해나가기로" 하고, "한반도를 핵무기와 핵위협이 없는 평화의 터전으로 만들어나가"는 합의였다. 구체적으로는 한미연합군사훈련이나 미국의 핵 관련 전략자산의 한반도 전개 등이 문제가 될 수 있는 내용을 담고 있었다. 평양공동선언의 전문은 https://www.yna.co.kr/view/AKR20180919090600001 참조

미국에는 "미국이 올바른 자세를 가지고 우리와 공유할 수 있는 방법론을 찾은 조건에서 제3차 조미수뇌회담을 하자고 한다면 우리로서도 한 번은 더 해볼 용의가 있"고 "올해 말까지는 인내심을 갖고 미국의 용단을 기다려볼 것이지만 지난번처럼 좋은 기회를 다시 얻기는" 어려울 것이라며 '마감시한'을 설정했다.

남한에는 외세냐, 민족이냐는 양자택일의 질문을 다시 던졌다. "조성된 불미스러운 사태를 수습하고 북과 남이 힘들게 마련한 관계 개선의 좋은 분위기를 고조시키고 그것이 평화와 통일의 의미 있는 결실로 빛을 보게 하자면 자주정신을 흐리게 하는 사대적 근성과 민족공동의 이익을 침해하는 외세의존 정책에 종지부를 찍고 모든 것을 북남관계 개선에 복종시켜야" 하며, "남조선 당국은 추세를 보아가며 좌고우면하고 분주다사한 행각을 재촉하며 오지랖 넓은 '중재자', '촉진자' 행세를 할 것이 아니라 민족의 일원으로서 제 정신을 가지고 제가 할 소리는 당당히 하면서 민족의 이익을 옹호하는 당사자가 되어야" 한다는 것이었다. 그러면서도 한미연합군사훈련 재개의 책임은 '남조선 군부호전세력'에게 전가했다. 한국 정부와 한국 내의 반대세력을 분리하려는 접근이었다.

김정은 국무위원장의 시정연설 전에 이루어진 한미정상회담에서 한미가 합의한 남북정상회담 제안에 대해 북한은 침묵했다. 그러다가 2019년 6월 들어 미국과 친서정치를 재개했다. 시진핑 주석의 평양 방문이 발표되기 전, 북한은 김정은 국무위원장의 친서를 미국에 보냈다. 미국의 트럼프 대통령은 "아름다운 친서"라고 말하며 북한이 핵·미사일 실험을 중단하고 있음을 강조했다. 북한의 단거리미사일 발사를 정상국가의 군사훈련으로 간주하며 북한이 쌍중단을 위반하지 않고 있다는 취지의 발언도 덧붙였다. 한반도 평화과정을 지속가능하게 하는 최소 규범에 대한 언급이었다. 6월 23일 북한의 〈로동신문〉은 김정은 국무위원장이 트럼프 대통령으로부터 친서를 받았음을 보도했다.

북미 정상의 친서에는 3차 북미정상회담에 관한 내용이 들어 있었던 것으로 보인다. 문재인 대통령도 6월 26일 세계 6개 통신사와의 서면 인터뷰에서 북미정상회담의 개최를 언급했다. 그리고 '다시금' 영변 핵시설의 폐기가 비핵화의 돌이킬 수 없는 단계가 될 수 있음을 강조했다. 2019년 2월 하노이 북미정상회담이 합의에 이르지 못했음을 상기하면 남·북·미 사이에 비핵화의 정의에 대한 모종의 논의가 있었음을 짐작케 하는 문재인 대통령의 발언이었다. 6월 27일 북한 외무성의 권정근 미국담당 국장은 담화의 형태로 "미국이 올바른 셈법을 가지고 나와야" 한다고 말하고, 한국은 "조미관계를 '중재'하는 듯이 여론화하며 몸값을 올려보려" 한다고 비판하며 한국을 거치지 않고 북미대화를 하겠다는 의사를 밝혔다. 6월 28일 한국을 방문한 비건 미국 국무부 대북특별대표는 2018년 6월 싱가포르 북미정상회담의 합의 내용인 새로운 북미관계, 한반도 평화체제, 완전한 비핵화의 '동시적·병행적' 추진을 재차 언급하면서 북한과 중국의 단계적·동시적 방식에 접근하는 모습을 보였다. 6월 29일 오전 트럼프 대통령이 트위터를 통해 김정은 국무위원장과 비무장지대에서 만나자는 의사를 표시하자 북한의 최선희 외무성 제1부상은 "공식 제기를 받"는다면 북미정상회담에 동의하겠다는 담화를 발표했다. 트럼프 대통령과 김정은 국무위원장의 "친분관계를 더욱 깊이 하고 량국관계 진전에서 또 하나의 의미 있는 계기가 될 것이라"는 긍정적 평가와 함께였다. 곧이어 동시적·병행적이라는 방법론을 다시금 제기한 비건 대북특별대표가 29일 저녁 북한과 북미정상회담을 위한 실무접촉을 가졌다.

2019년 6월 30일 오전에 열린 한미정상회담에서는 영변 핵시설의 폐기가 한반도 비핵화의 '입구'라는 문재인 대통령과 '하나의 단계'라는 트럼프 대통령의 모호한 합의가 있었고, 해당 조치가 실행되면 북한에 대한 제재를 완화할 수 있다는 문재인 대통령의 발언도 있었다. 하노이 북미정상회담에서 나타난 북미의 차이를 절충한 방안의 하나를 제시한 것이었고, 한미동맹을 견고하게 발전시키겠다는 발언도 덧붙였다. 그리고 같은 날 오후, 제3차 북미정상회담이 판문점에서 개최되었다. 1953년 7월 정전협정 이후 66년 만에 미국 대통령이 군사분계선을 넘어 북한 땅을 밟는 역사적 장면이 연출되었다. 7월 1일 북한의 〈조선중앙통신〉은 "화해와 평화의 새로운 력사"의 시작이자 "신뢰를 창조한 놀라운 사변"으로 3차 북미정상회담을 평가하며 "서로의 우려사항과 관심사적인 문제들에 대하여" "전적인 리해와 공감"이 있었다고 보도했다. 미국에서는 트럼프 행정부가 첫 임기 내에 비핵화를 달성하기 위해 비핵화의 목표를 핵을 포함한 대량살상무기의 '동결'로 하향 조정했다는 보도가 나왔다. 3차 북미정상회담이 미국 외교사에서 최악의 날이었다는 민주당 일각의 비판까지 제기되면서 한반도 핵문제의 해법이 미국 대통령 선거의 쟁점으로 부상할 가능성이 커졌다.

북미는 판문점회동 이후 2-3주 안에 실무협상을 재개하기로 했다. 그러나 2019년 7월 한미연합군사훈련이 다시금 쟁점으로 부상했다. 북한 외무성 대변인은 "조미 사이의 실무협상이 일정에 오르고 있는 때에 미국은 최고위급에서 한 공약을 어기고 남조선과 합동군사연습 '동맹 19-2'를" 실시하려 하고 있고, "만일 그것이 현실화된다면 조미 실무협상에 영향을 주게 될 것"이라고 경고했다. 2019년 6월 30일 판문점 북미정상회담에서 트럼프 대통령이 한미연합군사훈련 중단을 약속했다는 것이 북한의 주장이었다. 2019년 3월 '동맹 19-1'이라는 이름으로 한미연합군사훈련이 실시되었을 때에도 북한은 북미와 남북 합의의 위반이라고 반발한 바 있었다. 한국 정부는 전시작전통제권의 환수를 위한 지휘소훈련으로, 한국군의 능력을 검증하는 절차상 한미연합군사훈련이 필요하다는 입장을 보였다. 결국 '동맹'이란 명칭을 뺀 이름 없는 한미연합군사훈련이 2019년 8월 실시되었다. 낮은 수준이지만 한반도 평화과정에서 안보 딜레마의 재발을 야기할 수 있는 사건들이었다.

북한도 자력갱생을 내세운 2019년 4월 조선로동당 제7기 4차 전원회의 이후 단거리미사일, 신형 방사포, 신형 전술지대지미사일, 초대형 방사포 등을 실험하기 시작했다. 스웨덴의 스톡홀름에서 북미 실무회담이 열리기 직전인 2019년 10월 2일에는 '북극성-3'으로 명명한 잠수함발사탄도미사일(SLBM)을 고각발사 형태로 실험하기도 했다. 사실상 쌍중단에 대한 위반이었지만, 한미는 잠수함탄도미사일 발사를 위협으로 간주하지 않았다. 반면에 북한은 대륙간탄도미사일과 함께 미국 본토를 타격할 수 있는 미사일 실험으로 포장했다. 2017년 11월 핵무력 완성 선언 이후 2017년 12월 13일 제8차 군수공업대회를 거치며 2018년은 유보했지만 2019년 2월 하노이 북미정상회담 결렬 이후 핵억제력의 구성 요소인 능력과 군사적 결의를 보여주는 실험이었던 셈이다. 한미연합군사훈련과 마찬가지로 안보 딜레마를 야기하는 북한의 행동이었다.

남한도 세 차원에서 낮은 수준의 안보 딜레마를 생산하는 데 기여했다. 첫째, 전시작전통제권 환수를 위한 한미연합군사훈련의 재개였다. 둘째, 남한은 비핵화와 제재 해제의 선후를 둘러싼 북미의 갈등을 중재하기 위해 미국산 무기의 수입을 결정했고, 북한은 남한이 F35A 스텔스전투기와 글로벌 호크 정찰기 같은 무기를 도입하는 것에 강하게 반발했다. 북미 갈등을 중재하기 위한 2019년 4월 11일(현지 시간)의 한미정상회담에서 트럼프 대통령은 문재인 대통령이 미국의 군사장비를 대량으로 구매할 것이라고 밝혔다. 이와 더불어 핵 관련 전략자산의 한반도 전개까지 포함된 것으로 알려진 주한미군 방위비 분담금 인상 요구도 한반도 안보 딜레마를 생산하는 요소가 되었다. 셋째, 한국 정부의 자주국방에 대한 투자이다. 힘을 통한 평화를 추구하는 한 방식인 자주국방을 위해 한국 정부는 민주화 이후 최대치인 50.2조 원을 2020년 국방예산으로 편성했다.[17] 국방예산 가운데 무기수입과 관련된 방위력개선비는 2020년 8.6%의 증가율을 보였고, 문재인 정부 기간 동안 평균 증가율은 11.0%를 나타냈다. 한국은 2014-2018년 세계 9위의 무기수입국으로 자리했다.

2) 스톡홀름 북미 실무협상 결렬과 북한의 새로운 길

2019년 2월 하노이 정상회담 이후 북미관계와 남북관계가 경색된 상태에서 2019년 10월 스웨덴의 중재로 북한과 미국이 스톡홀름에서 실무협상을 진행했다. 그러나 다시금 결렬되고 말았다. 북한은 회담 직후 성명을 통해 "정세가 대화냐, 대결이냐 하는 기로에 들어선 관건적 시기"에 진행되었지만, "미국이 빈손으로 협상에 나"왔다고 주장했다. 반면 미국의 비건 대표는 실무

17 2019년보다 7.4% 증가한 수치로, 2020년 총지출예산안 513.5조 원의 약 10%에 달하는 금액이다. 진보정부는 최초로 50조 원을 돌파했음을 강조했다. 이에 비해 외교·통일 분야 예산안은 5.5조 원으로 국방 분야의 약 10%이다. 전임 보수정부의 연평균 국방예산 증가율이 4.1%, 전 전임 보수정부의 증가율은 5.1%였는데, 문재인 진보정부에서는 연평균 7.6%의 증가율을 보였다.

협상 내용을 공개하지 않으며, "창의적인 아이디어를 협상 테이블에 가져갔고 북측과 좋은 논의를 했다"고 발표했다.

스웨덴에서 북한은 북미 '교환'의 '순서'를 강조했다. 당시 북한의 협상대표였던 김명길 순회대사가 발표한 성명의 일부를 소개한다.[18]

"핵시험과 대륙간탄도로케트 시험발사 중지, 북부 핵시험장의 폐기, 미군 유골 송환과 같이 우리가 선제적으로 취한 비핵화 조치들과 신뢰구축 조치들에 미국이 성의 있게 화답하면 다음 단계의 비핵화 조치들을 위한 본격적인 논의에 들어갈 수 있다는 입장을 명백히 했습니다."

진행 중인 한반도 평화과정에서 북한이 선제적 조치를 취했으니 미국이 반응할 차례라는 말이었다. 보다 근본적인 문제에 대해 북한이 강조하는 순서는 다음과 같다.

"조선반도 핵문제를 탄생시키고 그 해결을 어렵게 하고 있는 미국의 위협을 그대로 두고 우리가 먼저 핵억제력을 포기해야 생존권과 발전권이 보장된다는 주장은 말 앞에 수레를 놓아야 한다는 소리와 마찬가지입니다."

미국의 대북 적대시정책의 폐기와 비핵화를 교환하자는 논리의 반복이었다. 하노이 북미정상회담 이후 8개월 정도가 흐른 뒤에야 실무협상이 재개된 이유에 대해서도 북한은 미국에 책임을 물었다.

"싱가포르 조미수뇌회담 이후에만도 미국은 열다섯 차례에 걸쳐 우리를 겨냥한 제재 조치들을 발동하고 대통령이 직접 중지를 공약한 합동군사연습마저 하나둘 재개했으며 조선반도 주변에 첨단 전쟁장비들을 끌어들여 우리

18 김명길 순회대사의 성명은 https://www.yna.co.kr/view/AKR20191006002400108(2019년 12월 12일 검색) 참조

의 생존권과 발전권을 공공연히 위협하였습니다."

미국의 대북제재 증가, 한미연합군사훈련 재개, 핵 관련 전략자산의 한반도 전개가 북미협상을 가로막은 장애물이었다는 것이다. 중재자 스웨덴은 북미에 2주 후 협상을 재개할 것을 제안했지만 결국 성사되지 않았다.

스톡홀름 북미협상이 결렬된 이후, 북한과 미국은 말과 행동의 공방을 벌이기 시작했고, 12월에는 최고조에 달하게 되었다. 김정은 국무위원장이 북미협상의 마감시한으로 2019년 12월 말을 설정했기 때문이다. 12월 3일 오후 1시경 북한의 외무성 부상은 담화를 통해 "이제 우리가 해야 할 일에 대해서도 구태여 숨기려 하지" 않겠다고 말했다. "크리스마스 선물을 무엇으로 선정하는가는 전적으로 미국의 결심에 달려 있다"가 그 담화의 끝이었다. 크리스마스를 전후로 한 북한의 군사적 행동을 예상하게 하는 북한 당국자의 발언이었다. 곧바로 북한은 〈조선중앙통신〉에 올린 담화를 실시간으로 직역하여 영문으로 송출했다. 말의 공방이 만든 긴장 고조의 시작이었다.

한국 시간으로 12월 3일 오후 7시경, 미국의 트럼프 대통령은 방위비 증액을 요구하러 간, 영국 런던에서 열린 북대서양조약기구 정상회의 기간에 북한에 대해 "무력을 사용해야 한다면 사용할 수도 있다"며 압박을 가했다. 미국과 북한이 2018년 6월 싱가포르에서 합의한 비핵화를 이행하라는 요구와 함께, 김정은 국무위원장을 신뢰한다는 말과 더불어, 북한이 10월 31일 초대형 방사포를 포함한 미사일실험을 한 것에 빗대 '로켓맨'으로 호칭하기도 했다. 북한은 트럼프 대통령이 가정법을 사용하기는 했지만 무력 사용을 언급하기 전인 같은 날, "조선로동당 중앙위원회 정치국상무위원회는 조선혁명 발전과 변화된 대내외적 정세의 요구에 맞게 중대한 문제들을 토의 결정하기 위하여 조선로동당 중앙위원회 제7기 제5차 전원회의를 12월 하순에 소집할 것을 결정"했다. 12월 내에 미국과의 협상에서 진전이 없으면 조선로동당 중앙위원회 전원회의를 통해 새로운 길을 내놓겠다는 것이었다.

트럼프 대통령의 무력 사용 가능성 발언에 대해서는 조선인민군 총참모장이 12월 4일 담화로 대응했다. 두 정상의 '친분관계'는 인정하면서도 미국에 "자국이 보유한 무력을 사용하는 것은 미국만이 가지고 있는 특권이 아니"라고 맞받았다. 12월 5일에는 최선희 외무성 제1부상이 트럼프 대통령이 김정은 국무위원장에게 "비유법을 망탕" 썼다고 비난하면서 "우리에 대한 미국의 계산된 도발이였다는 것이 재확인될 경우 우리 역시 미국에 대한 맞대응 폭언을 시작할 것"이라고 말했다. '계산된 도발'은 북한의 군사적 행동에 대해 한미가 사용하곤 했던 표현이다.

말의 공방은 무력시위를 동반했다. 12월 8일 북한은 서해위성발사장에서 조선민주주의인민공화국의 전략적 지위를 변화시키는 "중대한 시험을 진행"했다고 발표했다. 북한이 말하는 '전략'은 '핵'과 동의어이다. '중대한 시험'은 미국 본토를 타격할 수 있는 대륙간탄도미사일 엔진실험으로 추정되었다. 북한은 이처럼 실험의 구체적 내용을 밝히지 않는 '전략적 모호성'을 유지했다. 북한의 발표 직후 트럼프 대통령은 김정은 국무위원장이 사실상 모든 것을 잃을 수 있다는 반응을 보였다. 김정은 국무위원장이 2020년 11월 미국의 대통령선거에 개입하고 싶어 하지 않는다는 말도 했다. 트럼프 대통령의 발언이 있기 전날, 북한의 유엔주재 대사는 비핵화가 협상 의제에서 내려졌고, 미국의 북한과의 대화는 국내 정치를 위한 시간 벌기용 전략이라고 비난했다. "우리는 더 이상 잃을 것이 없는 사람들"이라며 자폭을 암시하는 섬뜩한 발언도 했다. 12월 9일 김영철 조선아시아태평양평화위원회 위원장은 "미국의 안전 위협이 계속해 커가는 현실을 안타깝게 지켜보는 수밖에 없"

겠다는 담화를 내놓았다. 트럼프 대통령에 대해 "경솔하고 잘망스러운 늙은이여서 또다시 '망녕든 늙다리'로 부르지 않으면 안 될 시기가 다시 올 수도 있을 것 같다"는 공격도 불사했다.

12월 13일 북한은 다시금 서해위성발사장에서 '중대한 시험'을 단행하고, '전략적 핵전쟁억제력'을 강화했다고 주장했다. 실험 직후 다시금 조선인민군 총참모장이 등장하여 "힘의 균형이 철저히 보장되여야 진정한 평화"가 있다는, 미국식 국제정치이론까지 동원한 입장을 밝혔다. 북한은 1980년 조선로동당 6차대회에서 힘의 균형을 추구하는 정책을 비판했지만, 2003년 초중반부터는 핵개발을 공식화하며 힘의 균형을 정당화하는 발언을 계속해왔다. 미국은 12월 11일 유엔안전보장이사회를 소집하여 북한에 대한 추가제재를 언급하면서도 핵문제 해결을 위한 '동시적·병행적 접근과 더불어 '유연한' 협상을 언급하며 북한을 포용하려는 태도를 보였다. 그러나 북한은 "우리로 하여금 어느 길을 택할 것인가에 대한 명백한 결심을 내리게 하는 데 결정적인 도움을 주었다"는 반응에 이어 핵억제력 강화를 위한 구체적 행동에 들어갔다.

2019년 12월 14일 조선인민군 총참모장 담화에서 볼 수 있는 것처럼, 북한은 "대화도, 대결도 낯설어하지" 않아 했고, 미국 역시 12월 11일 유엔안전보장이사회에서 발언한 것처럼 마찬가지 생각을 하고 있는 듯 보였다. 12월 16일 한국을 방문한 비건 국무부 부장관 내정자는 공개적으로 북한에 회동을 제안하면서도 북한이 요구하는 제재 해제와 같은 '상응 조치'에 대한 언급은 없었다. 북한도 비건 대표의 제안에 공식 반응을 보이지 않았다. 이처럼 12월의 위기 속에서 북한과 미국은 대화와 대결 두 선택지만 생각하고 있었다. 한편 북한은 12월 22일 조선로동당 중앙군사위원회를 열어 '자위적 국방력' 강화의 문제를 논의했는데, 예상되었던 크리스마스 선물은 미국에 전달하지 않았다.

2019년 12월 위기 속에서 북한이 생산한 말들에 담긴 특징을 살펴보면 다음과 같다.

첫째, 미국이 '국내 정치의 일정'에 북미대화를 이용하려 한다는 것이다. 북한은 트럼프 대통령의 탄핵위기와 대통령선거전을 보며 복잡한 계산을 하고 있는 듯했다. 김정은 국무위원장과 트럼프 대통령의 '친분관계'가 변함없다는 점을 강조했지만, 트럼프 대통령의 탄핵위기와 재선 여부는 북한이 미국과의 협상을 주저하게끔 하는 요인이다.[19]

둘째, 미국이 '대조선 적대시정책'을 철회하지 않으면 협상에 임하지 않겠다는 의지의 표명이다. 비핵화의 교환 품목이 미국의 적대시정책 폐기임을 재확인한 것이다. 그러나 미국이 취해야 할 구체적 선제 조치가 무엇인지는 언급하지 않았다.

셋째, 실무협상 결렬 이후 한미가 연합공중훈련을 재개할 계획을 발표한 것에 대한 북한의 반응도 주목의 대상이었다. 북한은 한미연합군사훈련의 '완전 중단'을 요구했고, 11월 17일 한미는 연합공중훈련의 '연기'를 결정했다. 그다음 날, 트럼프 대통령은 트위터를 통해 김정은 국무위원장에게 "곧 보자!(See you soon!)"고 했다. 그러나 북한은 11월 23일 서해상에서 해안포를 발사함으로써 2018년 9월 남북이 체결한 '역사적인 판문점선언의 이행

19 미국은 스톡홀름 북미 실무협상 직후인 10월 18일, 국내법인 '인민매매 피해자보호법'에 의거하여 북한에 대한 인도적 지원을 금지하는 조치를 취했다. 북한이 요구하는 선대북제재의 해제와는 거리가 먼 행동이었다.

을 위한 군사 분야 합의'를 명시적으로 위반했다. 또한 앞서 언급한 것처럼, 2019년 12월 두 번에 걸친 '중대한 시험'을 했다.

북한의 공격적 대응은 여기까지였다. 미국에 대한 북한의 크리스마스 선물은 없었고, 그 대신 2019년 12월 28-31일 조선로동당 중앙위원회 제7기 5차 전원회의를 열었다. 이례적으로 4일에 걸친 전원회의에서 나온 '보도'의 제목은 "우리의 전진을 저애하는 모든 난관을 정면돌파전으로 뚫고나가자"였다. 북한은 김정은 정권하에 개최된 2013년 3월의 조선로동당 중앙위원회 전원회의에서 '경제 건설과 핵무력 건설 병진노선'을 선택했고, 한반도 평화과정이 재개된 2018년 4월의 전원회의에서는 경제 건설과 핵무력 건설의 병진노선의 승리를 선포하고 사회주의 경제 건설에 '총력'을 다하겠다는 '새로운 전략노선'을 제시했다. 2019년 12월 전원회의 보도에서는 명시적으로 표현하지 않았지만, 북한은 새 전략노선으로 북한판 '전략적 인내정책'이라 할 수 있는 '경제·핵 조건부 병진노선'을 택한 것으로 보인다. 핵심은 '조건부'다. '정면돌파'를 거듭 강조하며 "충격적인 실제 행동에로 넘어갈 것"이라고 공언했지만, 북미협상의 종언을 선포하지는 않았다.

다음은 북한의 정세 인식을 엿볼 수 있는 대목이다.

"우리가 조미 사이의 신뢰 구축을 위하여 핵시험과 대륙간탄도로케트 시험발사를 중지하고 핵시험장을 페기하는 선제적인 중대 조치들을 취한 지난 2년 사이에만도 미국은 이에 응당한 조치로 화답하기는커녕 대통령이 직접 중지를 공약한 크고 작은 합동군사연습을 수십 차례나 벌려놓고 첨단 전쟁장비들을 남조선에 반입하여 우리를 군사적으로 위협하였으며 십여 차례의 단독제재 조치들을 취하는 것으로써 우리 제도를 압살하려는 야망에는 변함이 없다."

북한은 2018년 4월 전원회의에서 핵·미사일 실험의 중단을 핵군축으로 정의했고, 자신들의 선제 조치에 따라 미국의 상응 조치가 뒤따라야 한다는 입장을 다시금 표명했다. 한미연합군사훈련 중단과 대북제재 해제가 이루어진다면 비핵화의 길을 가겠다는 의지로 해석할 수 있다. 북미 대결을 '자력갱생과 제재와의 대결'로 '압축'한 것은 제재의 해제가 우선하는 의제가 되어야 함을 강조한 것으로 보인다.

왜 조건부 병진노선인가에 대해서는 반사실적 조건문(counter-factual)으로 읽을 때 알 수 있는 구절이 있다.

"경제 건설에 유리한 대외적 환경이 절실히 필요한 것은 사실이지만 결코 화려한 변신(brilliant transformation)을 바라며 지금껏 목숨처럼 지켜온 존엄(dignity)을 팔 수는 없습니다."

이는 대외적 환경의 변화가 북한 경제의 도약에 '절실히' 필요하다는 인식의 표현이고, 그 변신을 위해 '인내'하며 자력갱생을 하겠다는 의지의 표명이다. 정면돌파전에서 북한의 기본 전선은 경제전선이다. 보다 근원적으로는 한반도 평화체제와 비핵화를 교환하는 도식을 재확인할 수 있다.

"조선로동당 위원장 동지께서는 미국의 본심을 파헤쳐본 지금에 와서까지 미국에 제재 따위에 목이 매여 그 어떤 기대 같은 것을 가지고 주저할 필요가 하나도 없으며 미국이 대조선 적대시정책을 끝까지 추구한다면 조선반도 비핵화는 영원히 없을 것이라는 것, 미국의 대조선 적대시가 철회되고 조선반도에 항구적이며 공고한 평화체제(peace-keeping mechanism)가 구축될 때까지 국가 안전을 위한 필수적이고 선결적인 전략무기 개발을 중단 없이 계속 줄기차게 진행해나갈 것임을 단호히 선언하시였다."

문제는 평화체제와 비핵화의 순서인데, 북한은 선평화체제 후비핵화를 주장하고 있다. 평화체제 구축까지는 핵억제력의 강화를 계속하겠다는 것이다. 결국 미국이 '먼저' 평화체제 구축을 위한 경제적, 군사적, 외교적 상응 조치를 취하면 핵군축의 방식으로 비핵화의 길을 가겠다는 전략노선이라고 말할 수 있다. 그 방법으로 전원회의는 복합적 길을 제시했다.

"전대미문의 혹독한 도전과 난관을 뚫고나가는 정면돌파전에서 반드시 승리하자면 강력한 정치외교적, 군사적 담보가 있어야 한다고 하시면서 조성된 형세에 대처하여 외교전선을 더욱 강화하기 위한 방략들을 제기하시였다."

외교전선으로 표현했지만 주된 내용은 북중, 북러, 북일의 양자협력 및 소다자협력일 것이다.

정치외교가 군사에 앞서 언급되고 있는 점도 주목의 대상이다. 북한은 2019년 12월 말에 진행된 조선로동당 제7기 5차 전원회의에서 선평화체제 후비핵화 교환의 토대로 자력갱생, 핵억제력 증가, 외교전선 강화 등으로 구성된 북한판 전략적 인내정책을 공표했다. 앞으로도 전략적 모호성을 유지하겠지만, 전략무기의 개발과 같은 핵억제력의 증가는 한반도 안보 딜레마를 불가피하게 만들 수밖에 없을 것이다.

북한의 문제는 "허리띠를 졸라매더라도 기어이 자력부강, 자력번영" 할 수 있는가의 여부다. 즉, 전략적 인내정책은 대북제재의 해제 없이도 북한 경제가 자생적 성장을 이룩할 수 있을 때 가능한 노선이다.

3) 소결: 무엇을 할 것인가?

2019년 12월의 위기 속에서 주목의 대상은 아니었지만 한반도 안보 딜레마와 전원회의에서 언급한 북한의 외교전선에 영향을 미칠 수 있는 사건이 몇몇 있었다. 이 사건들은 한국 정부가 한반도 안보 딜레마에서 탈출하여 평화의 길을 가기 위해 고려해야 할 것들이다.

첫째, 12월 9일 제74차 유엔총회가 채택한, 2020년 7월 말부터 9월 초까지 개최되는 도쿄올림픽과 패럴림픽 기간 동안 군사적 분쟁을 중단하는 휴전결의안이다. 앞서 2017년 11월 제72차 유엔총회에서 통과된, '한반도와 동북아에서 평화, 발전, 관용, 이해의 분위기'를 만드는 2018년 평창올림픽과 패럴림픽 기간의 휴전결의안은 한반도 평화과정의 재개를 가능하게 한 규범적 동력으로 작용했다. 이번 도쿄올림픽 휴전결의안에는 2022년 베이징동계올림픽을 염두에 두면서 한·중·일의 '삼각 동반자관계' 향상을 위한 내용이 담겼다. 2020년에 예정된 한미연합군사훈련의 재개가 다시금 한반도 안보 딜레마를 격화시킬 가능성이 높지만, 일본이 그리고 미중 무역전쟁 속에서 경제협력을 가속화하고 있는 중일이 한미연합군사훈련 중단을 요청하는 기회의 창이 열릴 수도 있다. 더불어 일본이 미국으로부터 자율성을 가지거나 미국이 허용하는 범위 안에서 도쿄올림픽과 패럴림픽을 위해 북한을 포용할 가능성도 염두에 두어야 한다.

둘째, 2019년 12월 초, 시베리아의 천연가스를 러시아에서 중국으로 보내는 '시베리아의 힘'을 개통한 중러는 2019년 12월 13일 중국과 미국이 무역전쟁을 봉합하는 합의를 한 이후인 2019년 12월 17일, 한반도 비핵화에 대한 약속, 대북제재 완화와 6자회담 재개가 담긴 결의안을 유엔안보리에 제출했다. 이것은 2019년 12월 위기 속에서 북한의 군사적 행동을 억제한 하나의 계기가 되었다. 마찬가지로 남한이 북한의 대남무시정책을 화해협력정책으로 역전시키려면 미국과 유엔안보리의 대북제재에도 불구하고 대북제재를 완화하는 노력을 기울여야 하는데, 현실적인 방법 중 하나는 미국을 설득하여 남한만의 독자적 대북제재 완화를 관철하는 것이다. 다른 하나는 남·북·

중·러의 협력을 통해 유엔안보리에서 미국을 압박함으로써 대북제재를 완화하는 것이다.

셋째, 한반도 평화과정에서 남·북·미·중의 양자 정상회담 가운데 가장 적게 열린 한중정상회담이 2019년 12월 23일 개최되었다. 한중의 정상은 한반도 평화를 위해 북미대화의 모멘텀을 살릴 필요가 있다는 것에 합의했다. 이어 12월 24일 열린 한·중·일 정상회담에서도 "한반도의 비핵화와 항구적 평화를 위해 긴밀한 소통과 협력을 계속"한다는 공동 발표가 있었다. 이 두 정상회담 역시 북한의 군사적 행동을 억제하는 효과를 발휘했다. 12월 위기 전인 11월 20일에는 북한의 최선희 외무성 제1부상이 러시아를 방문하여 '전략대화'를 나누었고, 12월 위기 중인 26일에는 중국 공산당 길림성위원회 친선대표단이 북한을 방문했다. 이는 북한이 전원회의 보도에서 언급한 외교전선 강화의 일환으로 해석된다. 따라서 남한이 북한의 대남무시정책을 우회적으로 돌파하는 방법은 동북아 차원에서의 남·북·러, 남·북·중, 남·북·일과 같은 소다자 형태의 협력이 될 것이다.

넷째, 미국발 변화도 한반도 안보 딜레마를 악화시킬 수 있는 요인이다. 2019년 12월 트럼프 미국 대통령은 주한미군을 2019년 말 수준인 28,500명 이하로 감축하는 예산을 편성하지 못하게 하는 '국방수권법(National Defense Authorization Act)'에 서명했다. 미국의 국방예산을 결정하는 이 법에는 우주군 창설을 포함하여 북한과 거래하는 개인 및 금융기관에 대한 제재를 의무화하는 조항까지 담겼다. 이에 중국은 자국 자본의 미국 투자를 가로막을 수도 있는 국방수권법을 냉전시대의 제로섬게임 사고방식이라고 비난했다. 2018년 12월 미국 의회는 '아시아안심법안(Asian Reassurance Initiative Act)'을 통해 기존의 동맹 및 대북제재 유지를 규정했고, 2019년 10월 상원 외교위원회 청문회를 통해 트럼프 행정부 초기의 대북정책이었던 최대 압박과 관여를 다시금 언급하기도 했다(이혜정, 2020). 또한 미국 정부는 2018년 초, 중국과 러시아, 북한을 주요 위협으로 설정하고 2019년 6월 인도·태평양전략을 발표했는데, 이러한 지역정책은 한미동맹의 강화로 연결되어 안보 딜레마를 가속화할 수 있다. 여기에 2020년 벽두에 발생한 이란과 미국의 폭력적 갈등 같은 문제가 또 다른 돌발변수로 작용할 수 있다. 정밀타격을 통해 이란 혁명수비대 사령관을 폭사시키기 직전, 미국 국방부 장관은 북한과 "오늘 밤에라도 싸울 수 있다"고 말하면서 "최선의 방안은 정치적 합의"라고 주장하기도 했다. 중동과 동북아라는 두 전선이 동시에 진행되는 것을 원치 않는 미국이기에 한반도 문제를 일본이나 한국에 '외주'를 맡길 가능성까지 염두에 두어야 한다.

다섯째, 한국은 2019년 12월 위기 속에서 그전에 자임한 중재자의 역할을 수행하지 못했다. 12월 7일 트럼프 대통령이 문재인 대통령에게 전화해서 위기의식을 공유하고 한반도 평화과정을 진전시켜나가기 위한 방안을 심도 있게 협의했다는 보도에 한국이 등장하는 정도였다. 물론 한국은 한중, 한·중·일 정상회담을 통해 한반도 평화과정의 재개를 위해 노력했지만, 북한의 대남무시정책 속에서 한국의 중재자 역할은 제한적일 수밖에 없었다. 이에 문재인 대통령은 12월 위기를 거치고 북한의 전원회의 보도가 나온 직후인 2020년 1월 2일 신년사에서 평화는 행동이 없으면 오지 않고, 남북관계에서도 운신의 폭을 넓히겠다고 말했다.

한국은 2017년 말 평창임시평화체제의 형성으로 재개된 한반도 평화과정에서 강대국이 아님에도 불확실한 상황에서 정치적 민첩성을 발휘하여 국제구조에 영향을 미치는 '반전권력(protean power)'을 행사한 바 있다

(Katzenstein and Seybert, 2018). 하지만 한반도 안보 딜레마와 평창임시평화체제에서 도출할 수 있듯이, 한반도 비핵화와 한반도 평화체제, 한미동맹의 지속은 한국 정부가 동시에 달성할 수 없는 정책 목표, 불가능한 삼위일체, 즉 '삼중 딜레마(trilemma)'이다. 한국 정부는 이 세 가지 정책 목표를 동시에 표명할 수밖에 없지만, 현실적으로는 셋 가운데 두 가지만 달성할 수 있을 것이다(구갑우, 2018a, 106-107; 2018c, 163). 따라서 한국 정부의 우선순위가 한반도 평화체제에 있다면 한미동맹의 조정은 불가피한 상황이다.

12월 위기에서 알 수 있듯이 삼중 딜레마는 악순환을 보인다. 첫째, 중국의 일대일로 정책에 맞선 미국의 인도·태평양전략하에서 중국은 물론 북한에 대해 미국의 견제가 계속해서 의미를 갖게 된다면, 한미연합군사훈련의 완전 중단은 불가능한 선택지가 될 수 있다. 2019년 12월 북한의 대륙간탄도미사일 엔진실험을 전후로 미국은 정찰기와 전략폭격기를 한반도 상공에 띄웠다. 이처럼 미국의 핵 관련 전략자산은 한미연합이 아니라 단독으로도 작전을 수행하며, 이에 대한 북한의 대응은 전원회의 보도에서 알 수 있듯이 핵억제력의 강화다. 다시금 한반도 안보 딜레마를 악화시키는 것이다. 둘째, 앞서 언급한 것처럼, 한국 정부가 전시작전통제권 환수를 위해 한미연합군사훈련을 필요로 하거나, 전시작전통제권 환수에 대비하여 국방비를 증액하고, 한반도 평화과정 속에서 북미대화를 중재하기 위해 F-35와 같은 미국산 무기를 도입하는 행태도 한반도 안보 딜레마를 격화시킨다. 기존의 방위비 분담금을 다섯 배 인상하라는 미국의 요구에는 한반도에 핵 관련 전략자산을 전개하는 비용까지 포함되어 있다. 만약 한국이 그 요구를 수용하거나 대체재로 미국산 무기의 추가 도입을 결정한다면, 한반도 안보 딜레마는 다시 커질 수밖에 없다. 셋째, 남북관계의 자율성 확보를 위해 개성공업지구와 금강산관광을 재개하려면 미국을 설득해야 한다. 결국 남북관계에서 운신의 폭을 넓히려면 한미동맹의 조정을 감수해야 한다. 그런 면에서 한반도 문제의 해결을 위한 다자협상은 한미동맹의 조정을 추동하는 우회로가 될 수 있다.

4

한반도 평화체제의 해법: 결론을 대신하여

2019년 12월 위기 속에서 동북아국가들은 각국의 이해관계에 기초하여 양자관계의 개선 및 다자회담의 필요성을 제기했다. 한국은 남북관계와 북미관계의 선순환 전략이 북미 갈등과 남북관계의 경색을 결과한 상황에서 새로운 길을 모색해야 하는 상황에 놓였다. 남북, 한미, 북미 양자관계의 선순환도 과제이지만, 다자협상을 통해 교착 국면을 타개할 수 있는 기회를 모색할 필요가 있다. 2020년 대통령선거 국면에 들어가는 미국이 한반도 문제를 외주화하게 되는 다자협상에 동의할지는 미지수이지만, 이란과 미국의 대립 같은 변수들이 기회의 창을 제공할 수도 있다. 여기에 북·중·러가 6자회담의 재개를 주장하고 있고, 일본도 도쿄올림픽과 패럴림픽을 앞두고 있어 다자협상에 동의할 가능성이 높다. 한반도 비핵화와 평화체제 구축을 위해서는 북미 양자협상과 더불어 6자회담 같은 다자협상이 필요하다는 설득의 논리를 미국에 적극 개진해야 한다.

비핵화의 대가로 제공되는 평화체제 구축을 위한 다자협상은 양자협상보다 강한 구속력을 가질 수 있다. 양자협상에서 지배적 전략인 배신을 차단하는 유효한 방법일 수 있다. 이와 관련하여 몇 가지 정책을 제언한다.

1) 비핵화 협상과 평화체제 협상을 북미 양자협상과 6자회담의 두 경로로 동시에 진행한다. 비핵화 협상은 주로 북한과 미국이 진행하고, IAEA와 같은 국제기구가 검증과 해체 과정에 참여하며, 비핵화와 관련된 쟁점의 일부와 평화체제는 2005년 9.19 공동성명에 명기된 것처럼 별도의 '포럼'에서 협상을 이끌어가는 것이다. 평화체제 구축을 위한 6자회담은 북한이 핵물질 생산을 중단한다는 핵동결 선언과 유엔안보리 제재 완화를 교환하는 것과 동시에 시작한다. 단, 과거처럼 6자회담의 의장국을 중국이 독점하지 않게 하고, 순회 의장국을 만드는 방식으로 6자회담을 운용한다.

2) 평화체제 협상 과정에서 평화협정은 북한이 생산한 핵물질과 핵무기의 반출이 완료된 시점에 체결한다. 평화협정의 주체는 한국전쟁에 참여한 남·북·미·중이고, 일러는 평화협정을 지지하는 부기서명을 한다. 평화협정 체결은 각국의 의회 비준이 필요한 평화조약(peace treaty)의 형태로 완료한다. 평화조약의 내용은 '전쟁의 종식', '경계 및 평화지대', '불가침 및 안전보장', '한반도의 완전한 비핵화', '군비 통제', '평화관리기구', '양자관계의 발전', '지역 평화를 위한 협력' 등으로 구성한다.

3) 평화협정의 체결을 전후로 북한과 미국, 북한과 일본이 외교적, 군사적, 경제적 협력을 제도화한다. 두 양자관계의 진전은 동시적·병행적이 아니라 어느 한쪽이 선행할 수도 있다. 먼저 미국과 일본이 비핵화 협상 과정에서 연락사무소 설치, 한미연합군사훈련 중단과 핵 관련 전략자산의 한반도 전개 금

지, 대북제재의 단계적 완화와 같은 선제적 조치를 취하게 되면 평화체제 협상은 가속화할 수 있다.

4) 한반도 평화체제 협상을 동북아 다자안보협력을 위한 협상과 함께 진행한다. 2005년 6자회담의 9.19 공동성명에서 "6자는 동북아시아에서 안보협력 증진을 위한 방안과 수단을 모색하기로 합의"한 바 있다. 이 방법은 한국전쟁의 와중인 1951년 9월에 성사된, 2차 세계대전 당시의 연합국과 일본의 평화조약과 미일안보조약으로 구성된 샌프란시스코체제를 넘어서는 새로운 동북아 질서를 모색하는 의미를 갖는다.

5) 평화체제 협상에서 미·중·일·러는 지속가능한 한반도 평화를 위해 필요한 연합적 거버넌스의 제도화를 지지한다. 남북연합과 같은 제도적 장치의 마련이 한반도 평화체제를 역진불가능하게 만드는 조치라는 점을 미·중·일·러 4자가 인정한다.

참고문헌

- 구갑우, 2014, '제2차 북미 핵갈등의 담론적 기원: 2002년 10월 3일-11월 26일, 말의 공방과 담론의 생태계'. 〈한국과 국제정치〉, 30(4), 195-233
- 구갑우, 2016, '탈식민·탈패권·탈분단의 한반도 평화체제', 《분단 70년의 국제관계》(경남대 극동문제연구소), 서울: 선인
- 구갑우, 2018a, '비핵화와 평화체제, 한미동맹의 공존 가능성', 《한반도 평화체제 구축과 한미관계》(김상기·홍민·구갑우·이혜정), 서울: 통일연구원
- 구갑우, 2018b, '평화체제 구축과 지역전략', 《한반도 평화체제 구축과 한미관계》(김상기 외), 서울: 통일연구원
- 구갑우, 2018c, '평창 '임시 평화체제'의 형성 원인과 전개: 한반도 안보 딜레마와 한국의 '삼중모순(trilemma)'', 〈한국과 국제정치〉, 34(2), 137-169
- 구갑우, 2019, '우리 정부의 '새로운 길'은 무엇일까', 한국일보, 12월 5일
- 김학재, 2015, 《판문점체제의 기원》, 서울: 후마니타스
- 이삼성, 2018, 《한반도의 전쟁과 평화: 핵무장국가 북한과 세계의 선택》, 파주: 한길사
- 이상근, 2018, 《한반도 평화체제의 의미와 실현 조건》, 서울: 국가안보전략연구원
- 이혜정, 2020, '북·미관계 교착 그 후, 2020년 직면하게 될 '진실'', 〈통일시대〉, 159, 22-25
- 장달중·이정철·임수호, 2017, 《북미 대립: 탈냉전 속의 냉전 대립》, 서울: 서울대학교출판문화원
- 전재성, 2017, '동북아의 불완전한 주권국가들과 복합적 무정부상태', 〈세계정

치〉, 26: 84-126
- 정영철·정창현, 2017, 《평화의 시선으로 분단을 보다》, 서울: 유니스토리
- 《조선중앙년감(1954-1955년판)》, 평양: 조선중앙통신사
- 허문영·김수암·여인곤·정영태·조민·조정아, 2007, 《한반도 평화체제: 자료와 해제》, 서울: 통일연구원
- 홍용표, 2006, '1954년 제네바회의와 한국전쟁의 정치적 종결 모색', 〈한국정치외교사논총〉, 28(1), 35-55

- Boulding, K., 1978, Stable Peace, Austin: University of Texas Press
- Gallie, W., 1956, Art as an Essentially Contested Concept, The Philosophical Quarterly, 6(23), 97-114
- Galtung, J., Jabcobsen, C. and Brand-Jacobsen, K.F., 2000, Searching for Peace: The Road to Transcend. London: Pluto Press
- Jervis, R., 1978, Cooperation under the Security Dilemma, World Politics, 30(2), 167-214
- Katzenstein, P. and Seybert, L., 2018, Protean Power and Uncertainty: Exploring the Unexpected in World Politics, International Studies Quarterly, 62, 80-93
- Keynes, J.M., 1995, The Economic Consequences of the Peace, London: Penguin
- Krasner, S., 1983, Structural Causes and Regime Consequences. In S.

Krasner, ed. International Regimes, Ithaca: Cornell University Press

- Kupchan, C., 2010, How Enemies Become Friends: The Source of Stable Peace, Princeton: Princeton University Press
- Mitrany, D., 1966, A Working Peace System, New York: Quadrangle Books

5장

판문점체제의 기원과 변화

:한반도 평화의 제도적 변화에 대한 역사적 분석[1]

김학재

서울대학교 통일평화연구원, 대한민국

1 이 글은 〈경제와사회〉(2018.9.:130-164)에 실렸다.

1

서론: 제도화된 평화를 변화시키는 힘

한반도에서는 세계사적으로 매우 독특한 역사적 현상이 지속되고 있다. 1950년에 발발한 한국전쟁이 1953년에 군사정전으로 일단락되었는데, 미완의 임시 군사정전이 지금까지도 완전한 평화협약으로 대체되지 못하고 분단체제가 지속되고 있는 것이다. 즉, 한반도는 수십 년간 부정적 평화(negative peace) 상태에 머물러 긍정적 평화(positive peace)의 방향으로 발전하지 못했다.

이와 관련하여 한반도의 평화·통일 프로세스를 관찰해보면, 이와 관련된 한 가지 사실을 발견할 수 있다. 평화 만들기는 매우 어려웠고, 적대와 경쟁 관계로 되돌아가는 것은 너무 쉬웠다는 것이다. 1972년의 7.4 남북공동성명에서부터 2000년 남북정상회담과 6.15 남북공동선언까지는 30년 이상 걸렸지만, 북한의 핵실험 이후 다시 갈등상태로 후퇴하는 데는 불과 몇 달이 걸리지 않았다. 평화 만들기는 왜 이렇게 어렵고, 적대로 되돌아가는 것은 왜 이리 쉬울까?

이 글은 제도 변화에 대한 역사적 분석을 통해 이 질문에 답하고자 하는 하나의 시도이다. 현실주의이론이 주로 권력 균형의 문제에 주목하는 것과 달리, 제도 분석은 한반도의 전쟁과 평화에 관한 제도들과 그것의 변화에 대해 이해할 필요성을 강조한다. 처음부터 한국전쟁을 일단락시킨 군사정전체제 자체가 단순히 군사적 균형의 산물이 아니라, 전쟁을 특정한 형태로 종식시키기 위한 여러 행위자들과 국제 제도들이 개입해 만들어진 역사적 산물이기 때문이다(김학재, 2015: 196-211; Paige, 1968). 이 글에서는 판문점에서 합의된 부정적 평화체제를 판문점체제(김학재, 2015: 23)로 부르고자 한다.

그렇다면 한국전쟁으로 형성된 이 부정적 평화가 왜 수십 년간 지속되었으며, 그동안 어떻게 변화해왔을까? 이 글은 특히 두 가지 핵심 질문에 답하고자 한다.

첫째, 한국전쟁 이후 제도화된 평화의 특성이 무엇인가?

둘째, 한반도에 제도화된 평화를 변화시키는 힘은 무엇인가?

이 질문들에 답하기 위해 먼저 평화를 하나의 제도로서 분석하기 위한 이론적 도구들을 탐색하고, 제도 변화에 대한 기존 이론들을 검토하여 한국의 상황을 설명할 수 있는 새로운 분석틀을 제공하고자 한다.

1) 제도로서의 평화와 평화의 사회 경제적 기반

남북관계와 평화 만들기에 적용될 수 있는 기존의 이론적 틀에는 세 가지 정도가 있다. 현실주의, 자유주의, 그리고 기능주의가 그것이다.[2]

먼저 현실주의자들은 한국 분단의 기원과 그것이 지속되는 이유를 초강대국들 간의 권력 균형의 산물로 바라본다(Morgenthau, 1948; Williams, 2007). 한국전쟁과 그 결과 역시 미국과 소련, 혹은 중국 간의 권력 투쟁과 그 균형의 문제라는 것이다. 초강대국의 패권경쟁과 권력의 문제에 주목

2 국제관계이론에서 현실주의와 자유주의는 지배적인 양대 패러다임이다. 따라서 제도주의나 기능주의는 크게 자유주의의 분기로 해석되기도 한다. 하지만 이 글에서는 남북관계를 설명하고 정책을 만들어내는 데 두드러지게 중요한 역할을 했던 관점들로 세 가지 접근법을 구분하여 선택했다.

하는 이 관점은 수십 년간 학자들과 정치인들, 외교관들에게 지속적인 영향을 미쳐왔다(김학재, 2015: 37-47). 하지만 현실주의는 주로 외부의 초강대국만을 강조하여 국내 행위자들(남과 북)의 행위성(agency)에 주목하지 않으며, 그들이 어떻게 기존의 제도들을 수립하고, 유지하고, 바꾸기 위해 노력했는지를 설명하지 못한다. 자유주의적 접근이 비판하듯, 현실주의 관점은 강대국의 패권정치를 명확히 인식하게 해주지만, 기존의 안정적인 균형시스템이 왜 변화하는지를 설명하지 못하며, 평화 만들기 과정의 역동성을 포착하지 못하는 것이다(Westad, 2001: 3; Westad, 2010: 9).

두 번째로, 자유주의적 관점은 자유주의 헌법, 민주주의, 국제법과 기구들로 인해 자유주의국가들이 상호 간에 전쟁을 일으키는 것이 예방되었다고 주장한다(Doyle, 1983; Russet, 1995). 그러나 이 관점은 다소 단순한 전제와 순진한 신념에 기반한 것으로 비판을 받았다. 왜냐하면 1차 세계대전에서처럼 독일, 프랑스, 영국이 서로 교전했고, 2차 세계대전에서도 다수의 민주주의국가들이 전쟁을 치렀으며; 20세기 중반 이후 진행된 소위 평화 구축 작전들도 외부의 국제기구나 강대국들이 비자유주의국가에 일방적으로 개입해 추진했을 때 결국 안정적인 평화체제를 수립하는 데 실패하는 경우도 있었기 때문이다(Chandler, 2010; Barkawi, 2001; Knapp and Footitt, 2013). 특히 동북아국가들의 경우, 서구적 관점에서 볼 때 모두가 자유민주주의국가들이라고 하기 어렵고, 중국과 북한은 매우 오랜 시간 안정적으로 다른 정치체제를 유지하면서도 상대적으로 안정적인 역내 평화가 지속되고 있어 단순히 자유주의국가들끼리의 배타적 관계만으로는 지역의 상황을 온전히 설명할 수 없다.

세 번째로, 기능주의 접근은 경제적 이해관계와 시장 통합이 지역에서의 평화로운 관계를 촉진한다는 점에 주목한다(Wiener, 2004; Moussis, 2015). 이 관점에서는 시장 통합과 경제적 상호의존이 지역 규모에서 평화를 수립하는 핵심적 기반이라고 본다(Loth, 2015; Dedman, 2010). 그러나 동북아국가들은 경제적으로는 상당한 수준으로 상호의존적이지만, 경제적 발전의 수준이나 단계, 패턴이 각기 다르고, 하나의 지역 시장으로 통합되는 것에 대해 서로 다른 이해관계와 태도를 보이고 있다. 특히 남한과 북한은 확연히 다른 경제 구조와 발전 수준을 보이고 있으며, 개성공단과 같은 특별 경제지구에서의 경제적 교환 역시 유럽의 경제협력에 비해 시공간적으로 매우 제약된 상태에 머물렀다.

이렇게 기존의 이론과 관점들의 차이와 한국의 사례를 설명하는 데서의 장단점들을 고려한 이 글은 제도주의이론을 중심으로 절충적 접근법을 취하여 기존 연구들의 타당성을 검토하고, 동시에 한반도의 현실에 좀 더 밀착된 설명을 제시하고자 한다.

제도주의에 주목하는 이유는 이것이 기존의 모든 접근법을 부정하고 대체할 수 있는 이론이기 때문이 아니라, 기존 이론들의 입장들로 설명되지 않는 한반도의 현실에 대해 몇 가지 실용적이고 유용한 개념적 설명의 도구를 제공해주기 때문이다. 무엇보다 제도주의 분석은 특정한 제도의 안정성과 지속성을 설명하는 정교한 개념들을 제공한다.

제도주의에서 특정한 제도의 지속성과 안정성이 나타나는 현상을 설명하는 개념은 바로 '잠금 효과(lock-in effect)'이다. 잠금 효과란 어떤 제도가 성립하여 특정한 보상 구조(incentive structure)를 만들어내면 여기에 의존해서 이익을 얻는 조직들이 발달하고, 그 제도와 거기에 의존하는 조직들 간에 공생적 관계가 만들어져 그 제도를 지속시키는 효과가 발생한다는 것이다(North, 1990: 7-8). 이 과정은 자기 강화적 성향을 띠게 되는데, 왜냐하면 특정 조직들이 그 제도들에 더 의존할수록 더 많은 이득을 얻게 되고, 얻는 것이 더 많아지는(increasing returns) 현상이 발생하기 때문이다(Arthur, 1994; Thelen, 1999). 이렇게 어떤 제도와 조직이 형성되면서 그에 따른 이해관계가 성립되고 그 제도와 조직을 지속시킨다고 설명하는 방식은 남과 북이 분단된 국가로 형성되었을 뿐 아니라 남북이 하나의 체제로서 서로 의존적인 성격을 가지고 분단 자체를 유지하려는 세력들이 형성된다는 점을 지적한 분단체제론(백낙청, 2017)이나, 남북 간의 표면적 극단 대립이 오히려 각 체제를 안정시킨다는 적대적 공생론(한완상, 2013)과 연결되고, 단지 역사적 성격이나 직관적 통찰로서가 아니라 제도주의적 설명에 기반한 풍부한 경험적 분석으로 이해할 수 있다.

이렇게 어떤 제도의 자기 강화적 메커니즘이 생겨나면 경로의존성(path dependency)이 발생하는데, 이는 특정한 상황과 작은 사건들 속에서 특정한 해법이 도출되면 그것이 지배적이 되고, 아예 특정한 경로를 만들어내는 현상을 의미한다(North, 1990: 94, 99; Mahoney, 2000: 507; Pierson, 2004: 10).

판문점체제는 이러한 제도적 동학으로 설명할 수 있는 매우 좋은 사례이다. 일단 특정한 제도를 선택하게 되면, 그것으로부터 빠져나오기 어려운 잠금 효과가 발생하고, 결국 그것이 그냥 지속되는 경로의존적 경향이 나타나는 것이다.[3]

3 기존의 '적대적 상호의존'에 대한 분단체제론의 설명과 이 글의 '판문점체제' 개념은 특정 체제의 지속성에 대해 서로 유사하고 겹치는 현상을 공통적으로 지적하는 것이지만, 전자는 주로 남북 정권 차원의 관계성을 강조하는 종합적 설명이고, 후자는 부정적 평화-긍정적 평화의 개념에 기반해 제도화의 발전 수준을 분석한다. 후자는 무엇보다 그것의 변화를 설명하고자 하는 것에 초점을 두고 있다.

그렇다면 경로의존적 상황이 발생했을 때 이러한 제도들은 영원불변하게 유지될까? 아니면 어떤 경우에 제도들이 변화하게 될까? 마호니(Mahoney, Northwestern University, 사회학)와 실렌(Thelen, MIT, 정치학)이 지적한 것처럼, 많은 학자들은 외적 변인(exogenous factors)이 매우 급진적인 제도적 변화를 가져오곤 한다고 설명한다(Mahoney and Thelen, 2009: 2). 사회학적 제도주의는 이런 변동들을 외부로부터 주어진 힘과 인지적 해석틀의 연동으로 설명하려 했으며(DiMaggio and Powell, 1983), 역사 제도주의적 접근은 행위자들에 대한 기존의 제약들이 사라지는 '결정적 국면(critical junctures)' 개념을 개발했다(Capoccia and Kelemen, 2007).

제도적 변화는 외적 압력에 의해 발생할 수 있다. 특히 동아시아의 근현대사를 살펴보면 탈식민화, 민주화, 산업화, 권위주의체제의 붕괴와 갑작스러운 지구화처럼 드라마틱한 거시적 체제 변동이 종종 발생했기 때문에 이러한 외부의 쇼크(exogenous shocks)가 중요한 역할을 했다고 말할 수 있다(Storz et al., 2013: 223).

하지만 점진주의적이고 진화적인 제도 변화의 측면을 깊이 이해하기 위해 제도 변화의 내적 역학관계도 중시되고 있다(Streeck and Thelen, 2005). 노스(North, University of Washington, 경제학)는 특정한 정치, 경제 조직의 행위자들이 기존의 제도와 협약을 변경할 경우 더 좋은 성과와 결과를 낼 수 있다고 인식할 때 점진적인 제도 변화가 일어난다고 설명한다(North, 1990: 8). 새로운 행위자들의 이해관계가 더 강력하여 상위 규범들이 바뀌고 기존의 오래된 규범들이 침식되면서 제도가 변화한다는 것이다.

제도 변화의 내적 역학관계를 고려하면 국내 정치가 중요한 이론적 관심의 대상이 된다. 기존의 설명들에서는 평화 구축 과정에 미치는 국내 요인 중 세 가지가 특히 중요하다고 지적한다.

첫째, 국내 정치에서 전쟁을 종식시키기 위한 투쟁에서 여러 부처들의 이해관계 조율과 경쟁 같은 관료정치가 가장 중요한 요인이라는 입장이 있다(Halperin, 1970; Sigal, 1988). 둘째, 지배 엘리트들이 권력을 유지하고자 한다는 것을 전제로 엘리트들의 행동이 전쟁 종식에 가장 중요한 영향을 미친다고 설명하는 학자들이 있다(Rothstein, 1970; Iklé, 1991; Bracken, 1992; Smith, 1995). 마지막으로, 민주주의 정부는 여론의 역할을 무시할 수 없다는 입장이 있다(Gartner and Myers, 1995; Gartner and Segura, 1998). 이렇게 다양한 입장들을 종합적으로 고려하여 스탠리(Stanley, Georgetown University, 국제안보)는 국내의 지배연합 변동(domestic governing coalition shift)[4]이 평화 구축 과정에서 가장 중요한 계기가 된다고 주장하기도 했다(Stanley, 2009: 26-52).

이처럼 제도적 변화의 조건과 경우는 서로 다를 수 있다. 그렇다면 이러한 변화의 배경과 맥락은 어떻게 이해해야 할까? 학자들은 그동안 경제적 교환을 통해 변화가 발생할 수 있다고 주장해왔다. 이와 달리 코프랜드(Copeland, University of Virginia, 정치학)는 단지 경제 교환과 평화의 관계가 아니라 한 국가가 갖고 있는 향후 무역과 투자 환경에 대한 기대가 더 결정적인 역할을 한다는, 보다 정교한 이론화를 시도했다. 즉, 어떤 국가가 미래의 경제 교환과 투자에 대해 긍정적 기대를 갖고 있으면 경제적 상호의존

4 국내 지배연합(domestic governing coalition)은 내적 동의를 이룰 경우 정부의 외교문제에 관해 핵심 정책을 결정할 수 있는 능력과 자원을 가진 엘리트 정치집단을 의미하며, 여기에는 정치체제의 지배그룹, 관료, 정당, 의회, 군만 포함되는 것이 아니라 경제 부문 엘리트, 여론, 미디어, 시민단체 등의 더 포괄적인 사회적 이익집단들과 연결되어 있다. 지배연합 변동은 정권 교체, 내각 교체 수준의 정책결정자들의 정체성 변화에서부터 더 근본적인 정부 형태의 변화까지를 포괄하는 개념이다(Stanley, 2009: 30-32).

이 평화의 유지를 뒷받침하는 힘이 된다. 그러나 국가가 미래의 경제 상황이 악화될 것이라는 부정적 기대를 하게 되면 군사적이고 공격적인 갈등을 통해 이익을 보존하는 것을 선호하게 된다(Copeland, 2014: 2).

여기서 더 나아가 역사적으로 동아시아의 맥락에 뿌리를 내린 정교한 요인들을 검토할 필요가 있다. 동아시아의 맥락에서 전쟁이나 평화와 연결된 경제문제에서 중요하게 고려해야 할 것은 한 국가가 경제발전을 최우선시하는 것이 과연 평화적 협력을 선호하는 요인이 될 것인가, 아닌가 하는 것이다. 왜냐하면 동아시아의 국가들은 대체로 발전국가(developmental states)(Haggard, 2015)로 분류되는 역사를 갖고 있기 때문이다. 이와 관련하여 후발발전이론을 체계화한 거센크론(Gerschenkron, Harvard University, 경제사)은 후발발전과 전쟁의 상관관계를 고찰한 결과, 후발발전국가의 경우 구조적인 이유로 더 공격적이고 도발적인 군사적 선택을 강요하는 부정적 영향이 있을 수 있다는 점을 지적했다(Gerschenkron, 1962). 따라서 한반도의 상황을 고려할 경우 사회 경제적 교환이 평화를 촉진하고 안정시키는가에 대해 보다 상세한 분석틀이 필요하다.

〈그림 1〉은 지금까지 논의한 이론적 검토를 요약한 것으로, 처음에 만들어진 제도가 안정화되는 요인들을 규명하고, 제도 변화를 추동하는 내·외부의 다양한 요인들을 식별하고, 마지막으로는 사회 경제적 이해관계와 교환이 기존의 제도들을 안정화하거나 불안정하게 만드는 과정을 도식화한 것이다.

〈그림 1〉 평화체제의 제도적 안정화와 변화의 메커니즘

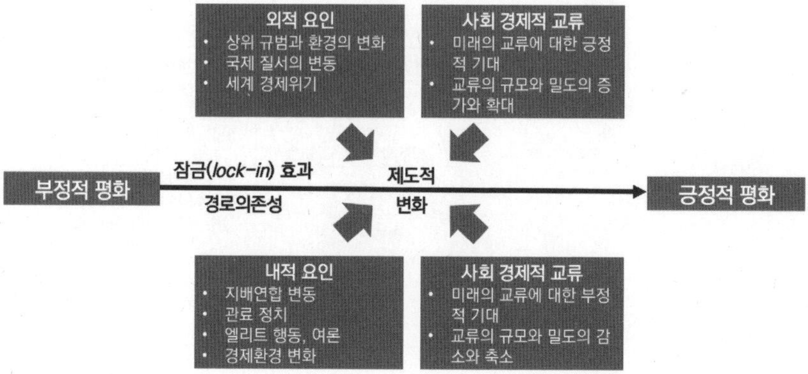

2) 제도 변화의 네 가지 유형

기존의 이론들을 검증하고 한국의 상황을 포괄적으로 설명하기 위해 이 글은 다음과 같이 제도 변화의 유형을 구분하고 설명하는 이론적 틀을 제시하고자 한다. 서로 다른 접근법을 구분하는 기본 원칙은 두 가지이다. 첫째, 제도 변화의 주요 모멘텀이 외부에서 왔는가, 아니면 내부에서 왔는가? 둘째, 제도 변화에 대한 이해관계와 태도가 긍정적인가 부정적인가?

〈표 1〉에서 제시한 네 가지 유형은 한반도 평화의 제도적 변화의 성격과 역사를 분석하기 위한 것이다.

냉전적 평화는 변화의 주요 모멘텀이 외부에서 오고 그것의 내용이 주로 적대와 경쟁, 직접적인 군사 개입과 경제 제재, 외교 단절과 갈등 같은 방식으로 이루어지는 유형을 말한다. 냉전 시기에 국가 간 관계는 상대의 주권을 인

〈표 1〉 평화제도 변화의 네 가지 유형

		변화의 모멘텀	
		외적(Exogenous) 요소	내적(Endogenous) 요소
대응의 양상	부정적 수동적	**냉전적 평화** 체제 대립과 경쟁 불인정, 군사 개입, 경제 제재, 외교 단절	**발전주의적 평화** 권위주의체제, 경제와 군사 발전 우선, 방어적 반응
	긍정적 적극적	**탈냉전적 평화** 화해와 협력, 외교 정상화, 평화와 인권	**민주주의적 평화** 민주주의체제, 국가 역량 상승, 적극적 평화외교, 교류와 협력

정하지 않고, 정상적 외교관계도 수립하지 않으면서, 군사·경제적 체제경쟁을 추구하고, 갈등에 대해 군사 개입과 권력 투쟁을 벌이는 형태의 국제 질서가 유지되었다. 간혹 국가 간 평화가 찾아오더라도 매우 낮고 부정적인 수준의 평화에 머무는 경우가 많았다.

탈냉전적 평화는 냉전적 평화와 같이 변화의 주요 모멘텀이 외부에서 오지만, 그 지향이 적대적이거나 경쟁적인 것이 아니라, 상대의 주권을 인정하고, 대화와 협상을 통해 교류와 협력을 추구하고, 화해를 이루면서 더 높은 수준의 긍정적 평화를 위한 노력을 기울인다. 데탕트와 지역협력 프로세스 등이 대표적이며, 적극적 교류협력을 통해 긍정적 평화의 사회 경제적 토대인 상호의존성이 증가된다.

발전주의적 평화는 변화의 동력이 내부에서 나오지만, 권위주의적인 국가가 내부의 체제 안정과 경제·군사적 발전을 최우선시하는 상황에서 수동적·방어적 형태로 평화를 추구하는 것을 의미한다. 해당 정부는 민주적 정당성과 여론의 지지에 큰 영향을 받지 않고 리더의 결정을 따르는 경향을 나타내며, 대외 갈등을 해소하고 기존의 부정적 평화를 적극적으로 변화시키기 위한 외교를 펼칠 역량이 부족하여 상대적으로 수동적인 대응을 보인다. 이런 방향의 정치체제는 주로 정치, 군사적 안정을 추구하고, 무엇보다 경제성장을 중시한다.

민주주의적 평화는 변화의 동력이 내부에서 오고, 민주적 정치에 기반하여 추동된다. 한국의 경우에는 민주화와 주요 지배연합의 변동, 통일정책에 대한 여론의 지지와 반대 등이 긍정적 평화를 추구하는 주요 내적 요인들이다. 이런 유형의 변화들은 기존의 부정적 평화를 넘어 긍정적 평화를 달성하기 위해 제도를 바꾸고자 하는 정치적, 경제적 이해관계와 세력들의 영향력이 커지고, 이를 위해 적극적이고 주도적인 외교정책을 추구한다. 이 정치체제는 국내외적으로 정치적 정당성을 더 확대하려 하고 아울러 단순히 경제적 생존만이 아닌 보다 높은 단계의 경제발전을 추구한다.

이러한 평화제도 변화의 네 가지 유형과 이론적 검토를 바탕으로 아래에서는 한국전쟁을 종식시킨 1953년의 판문점 정전협정에서부터 7.4 남북공동성명, 1991년 남북기본합의서와 정상회담, UN의 제재 조치와 북미정상회담까지 주요 제도적 변화의 사례를 분석하고자 한다. 〈표 2〉는 분석 대상들의 특성을 개괄적으로 정리한 것이다.[5]

5 각각의 합의와 선언, 조치와 결의안들의 제도적 특성을 부정적 평화, 긍정적 평화로 분류했고, 이런 주제들이 각 합의문에 포함되었는지의 유무와 차별적 특성을 요약했다. 부정적 특성을 갖고 있는 부분은 회색 음영으로 표시했고, 보다 상세한 분석은 이어지는 내용에 담았다.

〈표 2〉 평화 합의문들의 제도적 특성(1953-2018)

		1953 판문점 정전체제	1971 7.4 남북공동성명	1991 남북 기본합의서	2000 6.15 공동선언	2004 9.19 공동성명	2007 10.4 정상선언	2010 5.24 조치	2016 UN 제재 결의안	2018 4.27 판문점 선언	2018 싱가포르 북미 정상회담
부정적 평화	평화 구축	군사정전	×	불가침 (평화 상태)	평화체제	동북아 포럼	종전선언	×	×	종전선언 평화체제 비무장 지대 평화지대화	안전보장 한반도의 항구적이고 안정적인 평화체제
	인정	체제 불인정	미중 정상화	동구권 국가와 수교 정상화	-	북미관계 정상화	북미관계 정상화	×	×		새로운 관계 수립
		주적 규정	상호공존	유엔 동시 가입, 통일 지향 특수관계	공존, 특수 관계	-	공존, 특수관계				
	핵무기	×	×	한반도 비핵화 제네바 협약(1994)	–	핵발전 동결과 에너지, 경제 지원	-	경제 제제 체제 선전	경제 제재	완전한 비핵화	한반도의 완전한 비핵화
	흡수/무력/평화 통일	정치회담 무력 통일	평화 통일	민족 공동체	남북 국가연합	-	남북 국가연합	북한 붕괴, 흡수 통일	북한 붕괴 흡수 통일	공동번영 자주통일	×
긍정적 평화	인권	×	×	×	×	북한인권법 (미국)	-	북한인권	북한인권	×	×
	경제 교류	경제 제재	×	×	경제공동체, 개성공단, 관광, 인프라 현대화	개성공단, 관광, 남북 교역	개성공단, 관광, 남북 교역, 서해평화지대	개성공단	×	철도 연결	×
	정부 간 교류 채널	×	비밀 합의, 남북 조절위원회	정부 간 협상, 고위급 군사 위원회	남북 정상회담 민간 기업인	다자주의 6자회담	남북 정상 회담	×	×	남북 정상회담 연락사무소 장성급회담 직통전화	북미 정상회담 후속 고위급 회담
	사회적 교류	금지	×	이산가족, 민간 방문	이산 가족, 인도주의 지원	이산 가족, 인도주의 지원	이산 가족	인도주의 지원 지속	×	민족공동 행사, 체육교류, 이산가족	유해 송환

2

판문점체제의 기원: 냉전과 자유주의 평화

먼저 한국전쟁이 종식된 이후 형성된 최초의 제도적 디자인과 특성을 이해하는 것이 중요하다. 판문점체제보다 상위의 규범과 가치들은 냉전 이데올로기에서 기원한 것들이었다. 냉전은 경제적이고 군사적인 권력에 근거한 패권경쟁으로 평가되지만(Melvyn Leffler, 1992; Westad, 2005), 미국과 소련은 이데올로기적 경쟁을 통해 정치적 정당성 경쟁에도 상당한 노력을 기울였다. 특히 초강대국들은 동아시아에서 직접적인 경제 이익보다 각국의 이데올로기적 승리를 위해 정치적 정당성과 상징적 위신을 두고 서로 대립하곤 했다(Copeland, 2015: 248-249).

이렇게 이데올로기적이고 제도적인 경쟁이 이루어지는 상황에서 분단된 남과 북은 각 진영의 이데올로기적 대립을 충실히 실현하기 위한 이념국가로 수립되었다. 상호 경쟁적인 제도 구축 과정을 토대로 형성된 두 개의 이념국가가 치른 전쟁을 마무리지은 판문점체제는 다음과 같은 다섯 가지 특징을 나타냈다.

첫째, 판문점체제는 자유주의적 평화 기획이 추구하던 영구 평화도 아니고, 국가 간 평화조약으로 이루어진 현실주의적 권력균형체제도 아니었다. 판문점체제는 두 가지 기준에 못 미치는 유동적이고 임시적인 군사정전체제로서, 부정적인 평화의 성격을 갖고 있었다. 정전협정을 위해 논의된 의제와 쟁점들은 순수하게 군사적인 문제에만 한정되어 있었다(Foot, 1990, 31-32). 둘째,

판문점체제는 UN 결의안이 휴전과 정전을 촉구하면서 시작된 협상의 산물이므로 UN 레짐의 하위인 지역 레짐으로 보아야 한다. 당시 한국전쟁의 정전협상을 촉구한 UN 결의안들은 중국과 북한의 주권을 인정하지 않고, 공산 진영의 군사 행위를 처벌하고 범죄화하고 경제적 제재를 통해 해결하려는 성격을 갖고 있었다. 따라서 판문점체제는 중국과 북한에 대해 처벌적이고 주권을 불인정하는 규범들에 기반해 있다. 셋째, 판문점체제는 칸트적 의미의 세계연방(world federation)체제도 아니고, NATO와 같은 집단안보체제도 아니다. 미국·소련의 양자 방위협정에 근거한 특수한 군사동맹체제와 결합되어 있다. 넷째, 판문점체제는 미국·소련으로부터의 군사·경제적 원조나 핵우산 제공 같은 새로운 보충적 지원으로 보완되어 있다. 다섯째, 남과 북은 판문점체제의 협상 과정에 적극적으로 참여하거나 주도하지 않았으며, 대체로 미국과 중국이 전체 평화협상 과정을 주도했다(김학재, 2015: 316).

이러한 부정적이고 특수한 성격을 가진 판문점체제가 제도화되자 이후의 남북관계는 판문점체제에 대한 강력한 잠금 효과와 함께 경로의존적 경향을 보이게 되었다. 무엇보다 남과 북은 두 냉전 진영의 이데올로기적 지향을 충실하게 대변하는 조직이 되었다. 1950-1960년 내내 상대를 적으로 규정하며 군사적 수단의 통일 외에는 어떤 대안적 평화관계도 거부한 채 체제경쟁에 돌입했다. 판문점체제가 주권에 대한 불인정 규범에 기반해 있었기 때문이다. 또한 판문점체제가 온전한 평화협정이 아닌 정전협정이었기에 두 국가는 향후 발생 가능한 전쟁과 무장경쟁을 대비한다는 명목으로 전쟁동원체제를 구축했다. 〈그림 2〉에서는 두 국가가 냉전 초기에 벌인 군비경쟁의 결과로 나타난 높은 수준의 국방비 지출 추세를 보여준다.

결국 초기 판문점체제의 제도적 특성은 매우 부정적인 성격의 냉전적 평화

〈그림 2〉 남과 북의 국방비 지출 동향(1953-2015, % of GDP)

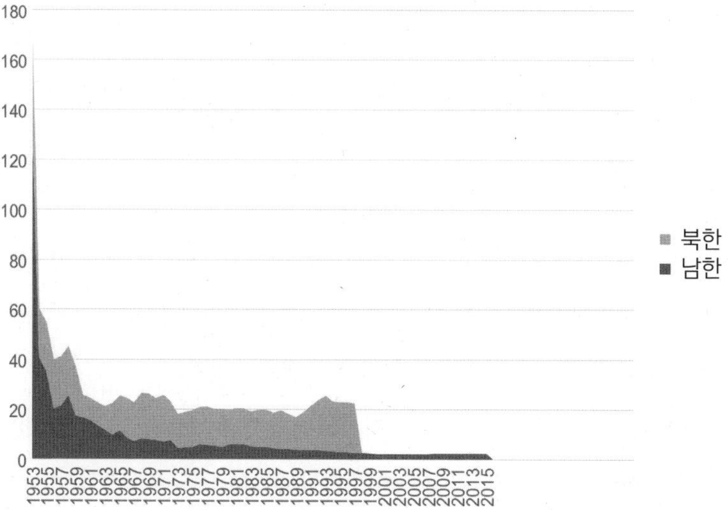

출처: Hamm(1999: 133), SIPRI 2016. 1997년 이후 북한의 군비 지출 자료는 없음

가 매우 낮은 수준으로 제도화되어 있었음을 알 수 있다. 긍정적인 평화나 상호 협력은 거의 제도화되어 있지 않았다. 판문점체제는 통일문제를 합의의 의제로 다루지 않았고, 나중에 등장하는 국제 규범들인 비핵화문제나 인권문제 등을 포함하지도 않았다. 남북 간의 대화는 오직 정전감독위원회라는 채널을 통해서만 이루어졌고, 민간인들의 사회 경제적 교류나 협력은 원천적으로 금지되었다. 판문점체제는 UN, 미국과 중국이라는 외부의 힘에 의해 관철된 양상을 보이는 대표적인 냉전적 평화의 원형이라 할 수 있으며, 남과 북은 냉전적 평화를 그대로 수용한 산물이었다.

3

판문점체제의 변화 1: 데탕트와 발전주의 평화

그렇다면 판문점체제는 언제, 왜 변화하기 시작했을까? 첫 번째 변화는 외부로부터의 압력에서 찾아왔다. 1970년대 초반 데탕트(détente)가 조성되어 국제 냉전의 긴장이 완화되면서 처음으로 변화되었다.

데탕트프로세스는 1962년 쿠바의 미사일위기 이후, 특히 미국과 소련이 연속해서 정상회담과 국제회담을 개최하는 것을 시작으로 1975년 유럽의 안보와 협력에 대한 국제회담이 열리고 헬싱키프로세스가 등장하면서 더 가속화되었다(Loth, 2014: 111-119). 이때 미국은 특히 중국과의 관계를 개선하려고 노력했는데, 1972년 2월 닉슨 대통령이 중국을 방문한 후 양국 정상은 상하이코뮤니케를 공표했고, 향후 외교관계를 정상화하기로 계획했다. 한국전쟁과 냉전으로 강화된 비자유주의국가에 대한 불인정정책이 처음으로 변화하기 시작한 것이다.

7.4 남북공동성명

데탕트는 적대와 경쟁, 불인정으로 대표되는 판문점체제의 상위 규범을 변화시키기 시작했고, 국제적 수준에서 평화와 화해, 협력을 향한 탈냉전 평화의 시작을 알렸다. 1972년 7.4 남북공동성명은 이러한 국제적 정세 변화의 산물이었다.

당시 닉슨 정부는 미중 화해를 위해 한국 상황이 보다 안정적이기를 바랐고, 박정희 정부가 남북대화를 시도해볼 것을 요구했다. 북한도 변화된 상황에 두려움을 느꼈기에 남측에 화해 제스처를 취했다. 1972년 1월 김일성은 남측에 남북 평화조약과 불가침협약을 체결하자고 제안하기까지 했다(김연철, 2011: 238).

그러나 박정희의 태도는 다소 부정적이었다. 심지어 이미 합의한 7.4 남북공동성명을 공표하는 것도 좋아하지 않았다. 그에게 중요한 것은 국내에서 정치권력을 확고히 하는 것이었고, 국제적 데탕트는 긍정적인 전환이라기보다는 위기로 여겨졌다(김연철, 2011; 김연철, 2008; 홍석률, 2012).

남과 북의 정부는 이렇듯 한편으로는 공동성명을 통해 국내의 헤게모니를 공고화하는 것에 우선순위를 두었고, 다른 한편으로는 보다 권위주의적인 체제를 수립하는 모습을 보였다. 남한에서는 1972년 10월 유신체제가 들어섰고, 북한에서는 김일성 헌법(1972)이 등장했다. 이처럼 박정희와 김일성은 통일정책을 활용해 그들의 국내 정치 기반을 더욱 강화했다.

남과 북이 공동성명에서 공식화한 변화는 대체로 표면적인 것이었고, 냉전의 상위 규범이 변화하는 외부로부터의 충격에 대응하는 차원의 조치였다. 이렇게 남북은 서로의 정당성과 주권을 결코 인정하지 않았고, 공동성명의 핵심 가치와 내용들도 평화, 화해, 협력이 아니라 겉으로 내세우는 통일을 위한 원칙들로 구성되어 있을 뿐이었다.

그럼에도 불구하고 남북공동성명은 남북 간의 긴장을 완화하기 위한 협력 지향적인 정책들도 고려하고 있었다. 예컨대 상호 비방과 군사 도발을 금지할 것에 동의했고, 남북조절위원회를 수립하여 다양한 교류협력을 개시하기로 합의했다. 제도화 수준의 관점에서 평화통일 원칙을 제안한 공동성명은 남과 북의 적대와 긴장 수준을 낮추려 한 시도였고, 비방과 군사 도발 금지는 적대적 긴장을 완화하려는 의도를 보여준 것이었다. 나아가 조절위원회를 수립해 향후 교류와 협력을 약속한 것은 평화를 제도화하기 위한 또 다른 진전이었다고 평가할 수 있다.

하지만 공동성명은 매우 단순하고 추상적인 표현으로 구성되었을 뿐 평화, 협력, 통일을 위한 구체적 프로그램은 부재했다. 따라서 공동성명을 통해 긴장을 완화하는 효과는 오래가지 못했다. 1973년 8월 유력한 대선 후보인 김대중이 납치된 이후 남북조절위원회는 해체되었으며, 남북관계는 다시 이전의 적대 상태로 되돌아갔다. 고위 관료 사이의 비밀협약이 평화를 위한 안정적 제도의 토대를 제공하지 못한 것이다.

당시에는 남북의 평화와 통일을 뒷받침할 경제적 이해관계나 교류협력도 존재하지 않았다. 오히려 남과 북은 자국의 경제발전과 그를 통해 국력을 키우는 일에만 관심을 기울였다. 예컨대 박정희의 중화학공업정책도 한국의 경제 구조를 전환하여 북한과의 군사경쟁을 뒷받침하기 위한 것으로 이해할 수 있다. 물론 미국이 군대를 철수하거나 군사 원조를 감축할 것에 대한 고려가 그 배경으로 작용하기도 했다(Kim, 2004: 171-173, 188-193).

결국 남북공동성명은 외부로부터의 탈냉전 평화 압력에 대해 남북이 국내적 차원에서 일시적으로 대응한 결과였다고 할 수 있다. 이 같은 남과 북의 대응을 일종의 '발전주의 평화' 기획으로 명명할 수 있는데, 왜냐하면 공동성명은 기존의 판문점체제를 평화적 관계로 대체하기 위한 체계적인 계획이나 실질적 토대가 없었기 때문이다. 이 같은 발전주의적 평화 기획은 한편으로 기존의 판문점체제가 내포한 기본 가정들에 대해 일시적이고 표면적인 변화를 추구했지만, 다른 한편으로는 남북이 모두 권력의 우세를 추구하고 근본적으로 경제·군사적 발전 경쟁을 지향함으로써 판문점체제의 부정적 요소들을 더 강화하는 결과를 낳았다.

4

판문점체제의 변화 2: 탈냉전과 한국의 민주화

판문점체제가 변화하는 두 번째 계기는 냉전의 종식과 한국의 민주화라는 두 가지 압력이 동시에 작용한 것이었다. 먼저, 냉전 종식과 동유럽의 민주화로 유럽에서는 적대적 대립이 종식되고 외교관계가 정상화되어 무역 교류가 시작되었다. 이러한 탈냉전 평화의 전면적 도래가 판문점체제에 대한 위로부터의 변화 압력으로 작용했다. 다른 한편으로, 한국 사회는 1987년 이후 기존의 권위주의적 유신체제를 대통령직선제를 포함한 형식적 민주주의체제로 대체하는 정치적 민주화를 달성했다. 이것이 아래로부터의 민주적 압력을 구성하여 군사-보수주의적 엘리트연합이 대중 정치, 선거, 여론을 고려할 수밖에 없는 변화를 초래했다. 이러한 맥락에서 노태우 정부는 서독 정부가 동독과 동유럽을 향해 펼쳤던 동방정책(Ostpolitik)과 유사한 북방정책(Nordpolitik)인 화해협력정책을 추진했다(Loth, 2014: 112-115). 이렇게 시작된 새로운 화해와 협력정책은 김대중 정부 시기에 더욱 진전을 이루었다. 판문점체제는 이렇게 외부의 탈냉전 압력과 내부의 민주화 압력으로 큰 변화를 겪게 되었다.

이때부터 한국의 국내 정치가 판문점체제의 제도적 변화에 미치는 영향력이 외부의 압력보다 더 커지고 중요해졌다. 실제로 민주화 이후 한국의 지배연합 변동이 판문점체제의 변화를 초래한 두 사례를 찾을 수 있다. 첫 번째는 노태우 정부 시기의 남북기본합의서(1991)이고, 두 번째는 2000년 남북정상회담의 산물인 6.15 공동선언이다.

1) 남북기본합의서(1991)

민주화 직후 노태우 정부는 1988년 7월 7일 '평화, 번영, 독립을 위한 대통령 특별선언'을 발표했다. 이 선언에는 이산가족문제를 해결하고, 남북 간 경제 교류를 국내 무역으로 간주하여 민족의 균형경제를 발전시키기 위한 다양한 남북교류협력 프로그램을 포함하고 있었다. 또한 북한을 적이 아닌 민족공동체의 성원으로 규정한다는 내용도 담고 있었다(전재성, 2002).

노태우 정부는 구소련 진영의 국가들과 화해와 협력을 추구하는 북방정책을 추진할 팀을 구성했고, 한국은 1990년에 소련과의 외교관계를 정상화하고 1992년에는 중국과 외교관계를 수립했다. 남북관계 개선에도 주력했는데, 그 과정에서 남과 북이 1991년 9월 UN에 동시 가입하고, 남북기본합의서를 만들어냈다(김연철, 2011: 85, 88, 92).

남북기본합의서는 서문과 4개의 장, 25개의 조항으로 이루어진, 남북 간 협력을 위한 역사상 가장 상세하고 포괄적인 문서였다. 7.4 남북공동성명처럼 짧고 추상적인 내용과는 분명히 차별화되었다.

기본합의서의 서문은 7.4 공동성명에서 제시한 통일의 세 가지 원칙을 재확인하는 것에서 나아가 교류를 통해 상호 번영의 추구를 장려하고, 평화통일을 위해 서로 노력할 것을 명시했다. 이는 단지 긴장을 완화하는 정도가 아니라 평화, 협력, 통일을 향해 더 나아간 것으로, 부정적 평화에서 긍정적 평화의 수준으로 변화한 것이었다.

1장(남북 화해)은 남북이 서로의 정당성을 인정하고 존중할 것을 명시하고 상호 비방, 선전, 전복작전을 금지했다. 나아가 5조는 현재의 정전 상태를 변화시켜 판문점체제의 가장 중요한 요소를 제거하는 계획을 담았다. 2장(남북 불가침)은 별도로 불가침 원칙을 다루었는데, 군사 수단의 사용을 중단하고, 갈등을 평화적 수단으로 해결하며, 불가침선과 지대를 확정하고, 공동군사위원회와 핫라인 설치를 합의했다. 따라서 기본합의서는 일종의 불가침선언의 성격을 갖고 있었으며, 이를 실현하기 위한 조직을 명시한 점에서 큰 진전을 보인 것이었다. 3장(남북 교류협력)은 남과 북을 '민족공동체'로 규정하고 이를 회복하고 촉진하기 위한 다양한 조치들을 포함했다. 무엇보다 기본합의서는 각 장의 프로그램들을 이행하기 위한 다양한 조직들(분과위원회, 공동위원회, 연락사무소)을 적시하는 등 구체적 계획을 담고 있었다(임동원, 2015: 601-604). 기존의 '정전 상태'를 극복하고 '평화 상태'를 이루기 위한 계획과 상호 정당성의 인정과 긍정적 협력과 통일에 이르는 방안 등 판문점체제를 대체하기 위한 여러 요소를 포괄했다.

기본합의서를 만들어가는 과정 또한 민주화 이후 한국의 외교가 외부의 영향에서 보다 자율성을 가짐으로써 주도성을 보여주었다(김연철, 2011: 98). 이는 냉전 종식과 민주화의 시기에 평화와 통일을 위한 여론의 지지를 통해 이룬 한국 북방외교의 큰 성취였다.

그러나 기본합의서 역시 판문점체제를 완전히 대체하지는 못했다. 담당 부처의 하위 관료들이 고위급에서 이룬 합의를 현실화하는 것에 저항했고, 한국 사회 안에서 평화와 통일을 추구하는 사회적 동력이 충분하지 않았다. 또 남북대화만으로는 북미, 북일 관계 같은 다층적 문제들을 풀기 어려웠고,

다자주의적 접근을 요하는 문제들이 남아 있었다.

기본합의서 이후 북미 간 대화가 이어졌는데, 의제로는 북미 간 불가침합의, 미국의 북한 주권 인정과 외교 정상화, 경제 교류와 협력 등이 다루어졌다. 그러나 1993년 김영삼 정부가 들어선 후 남북관계에 큰 진전이 없었고, 시도했던 남북정상회담도 김일성 사망으로 성사되지 못했으며, 조문 파동 이후 남북관계가 다시 경색되었다. 그때부터 북한의 핵개발문제가 남북관계에서 가장 중요한 문제가 되기 시작했다. 1993년 북한은 NPT를 탈퇴하겠다고 위협했고, 기본합의서는 효력을 상실했다. 그러다가 1994년 제네바에서 북미 간 비핵화-경수로 지원 합의가 이루어지면서 약간의 긴장 완화가 이루어졌다. 북한은 핵개발을 중단하고 핵사찰을 수용하며, 미국은 에너지와 경수로를 제공하고 점진적으로 외교관계를 정상화해나가기로 합의했다(조경근, 2014: 74). 그럼에도 불구하고 결국 핵문제는 해결되지 못한 채 추가적인 시도를 기다려야 했다.

2) 남북정상회담과 6.15 공동선언

평화를 제도화하기 위한 또 다른 성취는 김대중 정부 시절 한국 현대사에서 최초로 열린 2000년 남북정상회담과 6.15 공동선언이었다.

김대중 대통령은 일찍이 1970년대 대선 후보 시절에 밝힌 4대국 안전보장론을 시작으로 '3단계 통일론'으로 발전시키기까지 오랜 기간 대북정책을 수립해왔고, 뿌리 깊은 '동아시아 냉전구조'를 대체하기 위한 거시적 문제의식을 갖고 있었다. 유럽에서 15년간 추구한 화해와 협력, 평화의 데탕트프로세스를 한반도에서도 실현하고자 노력했으며, '남북경제공동체'를 수립하여 경제적 상호의존을 늘이고 남북연합을 설립해 통일 과정을 촉진하고자 했다(임동원, 2015: 260; 김학재, 2017).

1998년 취임한 김대중 대통령은 이 같은 포괄적 계획을 실현하기 위해 남북정상회담 개최를 희망했다. 현대그룹의 도움을 받아 일본 사업가를 통해 북한과 협상을 시도했는데, 이 과정을 이끈 핵심 참모진이 박지원 문화관광부 장관과 임동원 국정원장이었다. 2000년 성사된 남북정상회담과 6.15 공동선언은 1991년 기본합의서의 경우와 달리 정부와 민간 채널의 협력으로 이루어진 성과였다. 그러나 기본합의서가 포괄적이고 상세했던 데 비해 공동성명은 기본 원칙들을 요약한 5개의 의제들로 구성되어 있었다.

6.15 공동선언은 7.4 남북공동성명의 세 가지 원칙을 재확인했다. 차별점은 통일의 특별한 방법이 언급되어 있다는 것이다. 낮은 단계의 연방제와 국가연합제라는 명칭은 기존의 합의문에서는 등장하지 않았었다(임동원, 2015, 612-613). 임동원의 회고에 따르면, 남북국가연합은 정전체제를 평화체제로 변화시키기 위한 틀로, 1998년 12월 처음으로 제안되어 NSC 상임위에서 통과되었고, '한반도의 냉전구조를 해체하기 위한 포괄적 접근 전략'이라는 제목의 문건으로 출판되었다. 평화체제로 전환하기 위해서는 대량살상무기 문제도 해결해야 하고, 북미관계도 정상화되어야 하며, 군축도 이루어져야 하고, 한반도에서 외국군의 지위를 변화시키기 위한 컨센서스를 확립해야 했다. 따라서 남북은 '남북연합'을 제도화하여 평화와 통일 프로세스를 함께 관리할 필요가 있었다(임동원, 2015: 310). 6.15 공동선언은 한마디로 정전체제를 평화체제로 전환시키기 위한 포괄적 문제들을 풀고자 하는 제도적 장치였다고 할 수 있다.

6.15 공동선언의 두 번째 특성은 기존의 남북 간 경제협력의 규모와 유형

을 변화시켰다는 것이다. 고난의 행군으로 어려움을 겪고 있던 북한은 이전보다 경제협력에 더 큰 관심을 보였고, 현대 같은 대기업들도 1997년 아시아 금융위기 이후 어려움을 겪으면서 북한에 대한 투자와 경제개발에 많은 기대를 나타냈다. 당시 대기업들의 경영진은 당면한 금융위기를 북한과의 협력을 통해 돌파하고 싶어 했다(임동원, 2015: 37; 신장섭, 2014). 현대는 경제협력을 추구했을 뿐 아니라 중요한 소통 채널의 역할을 담당하며 정상회담 성사를 위해 노력했고, 이미 정상회담에 앞서 북한으로부터 8대 경협 프로젝트의 독점권을 승인받은 상태였다(임동원, 2015: 35).

이러한 변화의 동인 한편으로 정치적 민주화가 김대중 정부의 대북협력 정책을 추동하고, 다른 한편으로 아시아 금융위기 이후 경제적 자유화로 경쟁 압력과 사업 확장의 필요를 느끼던 대기업들이 위기를 극복하고 새로운 돌파구를 마련하기 위해 기존의 판문점체제의 규범과 질서들을 넘어서는 데 중요한 행위자로 나선 것이다.

그 결과, 〈그림 3〉과 같이 남북 간 경제협력이 2000년 정상회담 이후 급격히 증가했고, 그 흐름은 10여 년간 상대적으로 평화로운 관계 속에서 지속되었다. 이산가족 상봉, 금강산관광 실시, 개성공단 가동 등으로 인적 교류와 경제 교류가 동시에 증가했다. 2006-2008년 사이 남북의 인적 교류는 약 50만 명으로 최고치를 기록했는데, 남한 인구의 1%에 달하는 수준이었다.[6]

남북기본합의서와 6.15 공동선언은 국제적으로 탈냉전 평화가 도래한 상황에서 한국 내부의 민주화와 경제성장의 동력에 기반한 적극적 외교가 이

---

6 1972년 동·서독은 기본조약 체결 이후 인적 교류의 규모가 연간 약 600만 명을 상회(서독 인구의 10% 이상)했고, 통일 당시까지 꾸준히 증가했다.

〈그림 3〉 남북의 사회 경제적 교류협력(1989-2015)

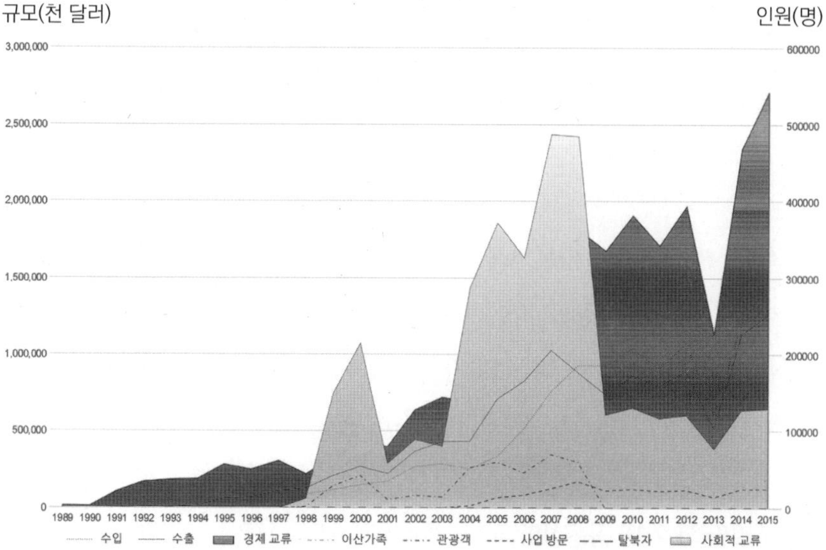

출처: 통일부, 《통일백서》(2016), 서울대학교 통일평화연구원, 《남북 통합지수》(2016)

뤄낸 결과라는 점에서 '민주적 평화 기획'으로 명명할 수 있을 것이다.[7] 한국이 민주정부의 의지와 함께 경제 주체들의 참여로 남북교류협력을 적극 추구했다면, 북한은 탈냉전으로 인한 체제 불안을 정치외교적으로 안정시키고 경제적 어려움을 남북교류로 극복하고자 했던 것으로, 일종의 발전주의적 평화의 이해관계가 결합되어 맺어진 결과라고 할 수 있다.

---

7 같은 시기에 북한이 선군주의 노선으로 변환한 것을 고려하면 이를 온전한 민주적 평화라고 부르기는 어렵다고 할 수도 있다. 이를 포괄하려면 남북관계의 비대칭성과 상호작용에 대해 복합적 분석이 필요하지만, 여기에서는 주로 한국에서 민주정부의 역량이 증가한 것의 중요성에 주목했다.

5

판문점체제의 변화 3: 북핵문제와 부정적 평화로의 회귀

그러나 이후 북미관계에 아무런 진전이 없었고, 그사이 북한은 핵무기 개발에 박차를 가하기 시작했다(Nikitin, 2009). 이제는 비핵화 원칙이 가장 중요한 규범이 되었고, 한반도의 평화와 관련한 모든 문제들이 비핵화의 패러다임하에서 논의되었다(Yuan, 2014: 515-516; Haggard and Noland, 2012).

1) 6자회담과 9.19 공동성명

북핵문제를 둘러싼 갈등을 풀기 위해 미국과 중국이 2003년 4월, 회담을 개최하고 6자회담을 갖기로 합의했다. 6자회담은 한국전쟁의 정전협상과 1954년의 제네바회담 이후 한국과 주변국들이 참여한 최초의 다자주의적 회담이었다. 첫 번째 회담은 2003년 8월 베이징에서 개최되었고 몇 가지 건설적인 결과를 도출했다. 그중 하나가 2004년의 북일정상회담이었다. 그러나 미국 상원이 2004년 10월에 북한인권법을 통과시키면서 북미 갈등이 심화되었고, '폭정의 전초기지' 등의 논란을 거친 북한이 2005년 2월 핵무기를 보유했다고 선언해버렸다(Chanlett-Avery, 2015: 5, 21; 송민순, 2016: 95-96).

6자회담은 본래 동북아에 평화를 수립하기 위한 적극적 형태의 회담이 아니라, NPT 레짐의 현상 유지를 위해 북한의 비핵화를 이루기 위한 틀의 성격을 갖고 있었다. 즉, 6자회담은 북한의 비핵화와 점진적 북미관계 개선 및 약간의 경제 지원을 교환하기 위한 시도였다. 따라서 NPT 레짐의 현존 유지적 성격과 관여하는 국가들의 느슨한 이해관계로 한반도의 평화와 통일을 위한 더 적극적이고 긍정적인 결과 도출에는 한계가 있었다.

그럼에도 불구하고 6자회담은 최초의 다자주의적 포럼으로서 서로의 합의에 근거한 포괄적 문서들을 만들어냈다. 미국은 비핵화를 우선시하고, 북한은 외교 정상화를 우선시했기에 미국과 북한의 입장이 상충하고 있었지만, 2005년 7월에 제4차 6자회담이 재개되어 9월 19일에 최종 합의에 도달했다(송민순, 2016: 178-183). 다자주의적 틀과 함께 9.19 공동성명은 한반도 평화의 제도화에서 또 다른 진전을 보여주었다.

첫째, 이 합의는 북한이 핵무기를 포기하고 NPT로 복귀하면 다른 국가들이 경수로와 핵을 평화적으로 이용할 권리를 제공하겠다고 재확인했다. 둘째, 이 합의는 6개국 모두 UN헌장이라는 공동의 규범을 준수할 것이며, 북일과 북미관계를 정상화할 것임을 천명했다. 셋째, 5개국이 기존에 논의된 다양한 경제협력에 더해 북한에 에너지를 제공하기로 했다. 넷째, 이 합의는 동북아의 영구 평화와 안정을 보장하기 위해 다자주의적 안보협력체제로 나아갈 포럼을 구성하여 한반도에 '평화와 협력 시스템'에 대해 논의할 것을 제안했다(송민순, 2016: 174-175).

따라서 9.19 공동성명은 비핵화의 보상 메커니즘을 제공했을 뿐만 아니라, 외교관계 정상화와 평화체제, 다자간 안보협력에 관한 프로그램들을 포함하고 있었으며, 이는 기존 합의보다 더 진전되고 폭넓은 것이었다고 평가할 수 있다.

2) 2007년 제2차 정상회담과 10.4 정상선언

6자회담이 비핵화라는 핵심 의제를 중심으로 동북아 전체를 포괄하는 계획을 발전시키는 상황에서 한국 정부는 6자회담에 포함되지 않은 남북관계의 개선과 경제협력에 초점을 맞춘 정책을 주도하기 시작했다. 그 결과가 2007년의 제2차 남북정상회담과 10.4 정상선언이다.

10.4 정상선언은 6.15 공동선언의 원칙들을 재확인하는 한편, 서해에 공동어업구역을 설정하는 데 합의하고 그 일대를 평화의 지대로 발전시켜나가기로 약속했다. 이는 그 지역에서 빈번하게 발생하는 해상 갈등을 해소하기 위한 특별한 해법이었다. 이 선언의 또 다른 중요한 기여는 평화체제 수립을 중요한 목표로 구체적 계획을 제시했다는 점이다(조경근, 2014: 59). 즉, 4조에서 남북한이 3자 혹은 4자 간 '종전선언'을 추진하기로 하고, 이를 통해 기존의 정전체제를 지속가능한 평화체제로 대체하기로 했다. 또한 5조에서는 경제협력계획을 더 확대해 서해평화협력지대를 조성하기로 했다. 이는 김대중 정부의 초기 프로그램 이후 경제공동체를 수립하기 위한 가장 진전된 안이었다.

당시 한국 경제는 글로벌 시장경제에 더 깊숙이 통합되었고, 중국의 부상으로 상당한 경쟁 압박을 받고 있었다. 중국에 따라잡힐 수 있다는 위기감과 함께 일본에 대한 경쟁력을 상실할 수 있다는 인식이 더해져 대다수의 경제 행위자들이 남북 간 경제공동체를 수립하여 갈등과 적대를 벗어나자는 아이디어를 지지했다(조경근, 2014: 65).

3) 2010년 5.24 조치와 2017년 UN안보리 대북제재결의안(2397)

남북관계는 평화와 통일에 관한 모든 문제가 핵무기라는 단일 주제에 종속되면서 매우 악화되었다. 6자회담이나 10.4 정상선언이 합의한 대로 실행되지 못하는 상태에서 한국의 정권교체로 지배연합 변동이 발생했다. 2008년 이명박 정부가 들어서고 나서 지난 20여 년간 축적된 평화와 협력을 위한 다양한 노력과 성취들을 계승하려는 노력들을 방해했다. 당시 한국 정부는 미국과 함께 북한이 곧 붕괴될 것이라는 믿음을 공유하고 있었으며(Bennett, 2013), 그에 따라 남북대화를 위한 노력은 무용하다는 판단하에 일방적 흡수통일을 기대하며 비상사태를 기다리는 태도를 취하기 시작했다(임동원, 2015: 563).

2010년 5월 24일, 천안함 사태 이후 이명박 정부는 경제 교류협력을 중단하는 제재 조치를 단행하고 북한에 공식 사과와 책임자 처벌 등의 행동을 취해줄 것을 요구했다. 5.24 조치는 북한 선박이 한국에 들어오는 것을 전면 금지하고, 북한과의 교류협력과 접촉을 중단시키고, 방북과 추가 투자를 불허하며, 각종 지원 프로그램을 취소했다. 이 때문에 남북경협에 참여하고 있던 1만 2,000여 한국의 중소기업들이 심각한 손실을 입었고, 소위 '풍선 효과'로 일컬어지는, 남북교역의 축소와 북중교역의 급격한 증가라는 결과가 초래되었다. 이런 점에서 5.24 조치는 아무런 경제적 효과가 없는 철저히 정치적인 조치로 평가되었다(김일한·김상범, 2015).

그 후로 북한은 한국과의 어떤 협상도 기대할 것이 없다고 판단하고 미국과의 협상에 초점을 맞추기 시작했다. 2009년 1월 오바마 정권이 들어선 이래 북한은 6자회담을 무시하고 미국과의 직접 대화를 시도했고, NPT체제 밖에 있는 사실상의 핵보유국 지위를 공개적으로 요구하기 시작했다. 그러나 오바마 정부는 러시아와 핵무기 감축 프로그램을 우선시하고 있었고, 북한으로부터의 요구를 지속적으로 무시하며 소위 '전략적 인내' 정책을 지속했다(Chanlett-Avery, 2015: 6-7). 미국은 북한이 스스로 변화와 개혁에 나서거나 김정일 정권이 몰락하기를 기다릴 뿐이었다(Shin, Straub, Lee, 2014).

김정일이 사망한 후 김정은 정권이 들어서며 갈등이 심화되었다. 북한은 권력 이행에 따른 정권 안정화를 위해 2013년 2월 추가 핵실험을 단행했다. 북한이 핵개발을 지속하자 미국은 전략 핵폭격기를 동원하여 억제력을 과시하는 등 군사적 갈등이 악화되었다. 하지만 이러한 공격적 대응은 북한의 핵개발 의지를 더 촉진했고, 군사 갈등과 핵개발 가속화가 맞물리는 소위 안보 딜레마 상황이 지속되었다.

북한의 핵실험이 계속되자 2016년부터 2017년까지 UN안보리는 더 강화된 대북제재결의안(2397)을 통과시켰다. 이명박 정부 이후 들어선 박근혜 정부는 이런 상황에서 2016년 2월 10일 아예 개성공단을 폐쇄하는 조치를 단행했다. 결국 상호 공격적인 대응의 악순환이 북한의 추가 핵실험과 남북관계의 악화와 단절로 이어졌다.

탈냉전과 민주화 이후 약 20년간 진행된 한반도 평화프로세스와 비교하면 2008-2016년 사이의 변화는 매우 부정적이고 낮은 수준의 평화로 회귀하는 양상을 보였다. 여기엔 국내외적인 요인이 모두 작용했다고 볼 수 있다.

먼저 미국은 2003-2011년 지속된 이라크전에 국방비를 과도하게 지출하며 정부 부채가 확대되었고 그 와중에 발생한 2008년 세계 금융위기로 큰 경제적 타격을 입으면서 자국의 정치경제를 더 우선시하는 정책들을 추진했다. 또한 중국의 급속한 부상을 고려하여 아시아로의 회귀정책을 표명하면서 중국과 미국 사이의 긴장 수위가 높아지는 경향을 보였다. 1972년 미중 화해 이후 지속된 동아시아의 상위 탈냉전 질서가 '신냉전'이라고도 불리는 미중 간의 긴장 강화로 변화하기 시작한 것이다. 이런 맥락에서 미국은 북핵문제 해결을 위한 의지를 보이지 않은 채 냉전적인 군사 위협과 경제 제재로 대응했다.

한국에서는 1997년 아시아 금융위기 이후 구조조정정책으로 사회 경제적 불평등이 심화된 상태에서 집권한 보수정부의 친시장적 정책이 지속되고 그 경향이 가속되었으며, 보수 정권이 다시 냉전-권위주의적 성격을 강화해가는 양상을 보였다. 북한에서도 지속적인 국제 제재와 남북 교류의 단절 상태에서 리더십의 변화를 겪으면서 내부의 체제 안정을 유지하기 위해 권위주의적 성향이 강화되는 경향을 보였다.

결국 부정적인 판문점체제를 넘어 긍정적 평화를 발전시키고자 하는 노력들은 비핵화라는 문턱을 넘지 못한 채 후퇴했다. 외부의 여건도 미국의 경제위기와 미중 갈등으로 악화되었다. 한국의 보수정부는 지구화로 심화된 불평등의 문제를 악화시키고, 냉전적 권위주의로 회귀하며 평화프로세스를 추구하려는 의지와 동력을 약화시키는 결과를 낳았다. 한반도 평화의 외적·내적 조건이 모두 악화되며 급격한 후퇴를 겪은 것이다.

6

판문점체제의 변화 4: 신냉전적 구도와 민주·발전 평화의 결합

대내외적으로 박근혜 정부의 냉전 권위주의적 대응은 한국 내부에서 큰 저항에 직면했다. 민주화 이후 30여 년이 지난 한국의 시민사회는 2016년 말부터 2017년 초까지 대대적인 촛불집회와 집단 저항을 통해 대통령을 탄핵하고 새로운 민주정부로의 지배연합 변동을 이루어냈다. 한편 오바마 정부 이후 아시아로의 회귀정책을 추구하던 미국은 심화된 양극화를 기반으로 노골적인 미국 우선주의를 표방하는 트럼프 정부로의 지배연합 변동이 발생했다.

트럼프 정부는 북한 정부에 최대의 압박과 관여라는 정책을 표방하며 공세적인 입장을 취했다. 북미관계는 일촉즉발의 전쟁 위기로 치달았고, 계속 성장하는 중국을 견제하기 위해 미국이 무역전쟁을 불사하면서 미중 갈등도 심화되었다.

미국 정부가 냉전적 갈등과 경쟁 구도를 강화하는 동안 지속적 경제성장을 이루려는 중국은 경제발전을 위해 안정적 외부환경을 구축한다는 평화발전론을 내걸며 수동적이긴 하지만 발전주의적 평화 기획을 추구했다.[8] 한편 지속적인 북미 갈등과 제재로 인한 어려움 속에서도 핵개발을 계속하면서 집권 이후 수년간 체제 안정을 이룬 북한의 김정은 체제는 평화외교를 적극

8 国务院新闻办公室, 《中國的和平發展》(2011)

적으로 추진하고 지지하는 한국과 중국의 태도에 조응하여 비핵화와 북미관계 개선, 남북 경제협력을 지향하는 국제회담에 참여하기 시작했다. 그 결과가 바로 2018년의 4.27 판문점선언과 역사상 최초의 6.12 북미정상회담이다.

1) 평창올림픽과 2018년 4.27 판문점선언

2017년 문재인 정부가 들어선 한국은 지속적으로 평화외교를 표방하며 2000년대 초반까지 이루어진 한반도의 평화프로세스를 지속할 것임을 천명하고, 비핵화와 평화체제 구축을 위한 적극적 외교를 펼쳤다.

문재인 정부의 적극적 평화프로세스는 2018년 2월 개최된 평창올림픽을 계기로 더욱 가속화되었고, 국제적 여론의 지지를 받으며 4.27 남북정상회담을 이루어내고 그 결과로 판문점선언을 이끌어냈다.

판문점선언은 11년 만에 재개된 남북정상회담의 결과로, 한반도에 더 이상 전쟁은 없을 것이며 새로운 평화의 시대가 열렸음을 천명했다. 두 정상은 남북관계를 적극적으로 개선하고 발전시켜야 한다는 점에 합의했다. 1조에서는 남북의 운명은 스스로 결정한다는 민족자주의 원칙을 확인했고, 고위급회담, 남북공동연락사무소 등 다방면의 교류를 약속했다. 아울러 민족 경제의 균형적 발전과 공동 번영을 위해 철로와 도로를 연결하고 현대화하기로 했다. 2조에서는 적대 행위 중지, 장성급회담, 평화수역에 합의했고, 3조에서는 남과 북이 항구적 평화체제를 구축하는 데 협력하기로 하고, 2018년 내 종전선언과 평화협정 체결을 위한 3자, 4자 회담을 추진하기로 했다. 동시에 완전한 비핵화를 통해 핵 없는 한반도를 실현한다는 데 합의했으며, 가을에 평

양에서 재차 정상회담을 개최하기로 했다.[9]

이는 11년간 비핵화문제로 악화되고 퇴행한 평화프로세스를 다시 개시하는 훌륭한 계기를 마련한 것으로 평가할 수 있다.

2) 4차 남북정상회담과 6.12 북미정상회담

판문점선언 이후 한국의 적극적인 중재와 북미대화의 전개로 역사상 최초의 북미정상회담이 추진되었다. 하지만 10년간 악화된 북미관계의 신뢰를 회복하는 데는 상당한 어려움이 있었다. 비핵화모델을 둘러싼 논란으로 트럼프 대통령은 일방적으로 북미회담 취소를 통보하기까지 했다.

이를 돌파하기 위해 5월 27일 제4차 남북정상회담이 개최되었는데, 이는 사전 논의 절차가 최소화된 형태로 북한의 제안으로 즉석에서 이루어진 것이었다. 4차 정상회담은 남북 간의 문제를 남과 북이 스스로 풀 수 있다는 의지를 표명한 것으로, 세계적 여론의 모멘텀을 형성하며 북미정상회담의 개최를 압박했다.

그 결과, 6월 12일 싱가포르의 센토사에서 역사상 최초의 북미정상회담이 개최되었다. 북미정상회담은 전 세계의 탈냉전 과정에서 마지막까지 해결되지 못한 북한과 미국의 적대를 사실상 종식시키는 역사적 회담이었다. 두 정상은 북한이 요구하는 체제 안전 보장과 미국이 요구하는 비핵화를 서로 교환하는 것을 서로 이해하고 공표함으로써 북미관계의 새로운 시작을 알렸다.

---

9 정부 공식 웹사이트(http://www.koreasummit.kr/sub02/koreasummit.html) 참조(2018. 7. 30)

북미 정상의 합의문은 이 밖에도 크게 ① 북미관계의 개선, ② 한반도의 항구적 평화체제 구축, ③ 판문점선언에 이은 한반도의 완전한 비핵화, ④ 전쟁 포로 및 전쟁 실종자의 유해 송환이라는 큰 틀의 내용을 명시했다. 정상회담 이후 고위급 실무회담을 통해서 이러한 합의를 구체적으로 실행해나간다는 약속도 밝혔다.

2018년의 한반도 평화프로세스와 평화의 제도화에 대해 어떻게 평가할 수 있을까? 외적인 조건에서는 미중관계가 악화되고 두 국가 모두 국내의 정치, 경제적 현안을 중시하게 되면서 갈등이 심화되었고, 그와 동시에 그 갈등이 지나치게 강화되는 것을 방지해야 하는 이해관계가 생겼다고 할 수 있다. 특히 1인당 국민소득 1만 달러를 추구하는 중국의 시진핑 체제는 무엇보다 평화로운 한반도라는 외적 환경의 안정을 유지해야 할 필요가 있었다. 일종의 발전주의적 평화인 셈이다.

한편 촛불혁명으로 지배연합 변동이 이루어진 한국은 가장 적극적으로 평화외교를 전개함으로써 김대중, 노무현 정부 시절보다 더 강화된 민주평화적 노선을 따랐다. 여기에 중국의 부상과 세계 경제의 경쟁 격화로 어려움을 겪고 있던 경제 주체들이 남북 경제협력에 거는 기대가 높아졌다. 북한에서도 상당한 갈등을 빚는 가운데 북핵 개발의 완성을 선포한 김정은 체제가 안정과 경제성장을 추구하려는 노선을 공개적으로 천명했다. 발전주의적 평화노선의 초기 단계를 따른 것이다.

결과적으로 미국의 신냉전적 평화 모드가 부정적인 외부 요인으로 작용하고 있었지만, 오히려 이것이 중국과 북한의 발전주의적 평화 그리고 한국의 민주평화와 경제적 이해관계와 결합되어 평화프로세스의 동력이 되었던 것이다. 그렇게 해서 등장한 4.27 판문점선언과 6.12 북미 정상의 합의는 지난 10

년간의 제도적 후퇴를 회복했다는 의미와 함께, 외적 환경 변화에 적극적 또는 수동적으로 대응하는 동아시아국가들 사이의 역학관계가 더 중요해졌다는 의미, 최후의 냉전 상태로 남아 있는 북미관계와 비핵화문제가 긍정적 평화로 나아갈 수 있는 가능성을 보였다는 의미를 동시에 보여주었다.

7

결론: 부정적 평화를 긍정적 평화로 바꾸려면

이 글은 두 가지 질문에 답하려 시도했다. 하나는 한반도의 평화가 어떻게 제도화되었고 어떤 성격을 갖고 있었는가이고, 또 하나는 제도화된 평화가 왜, 어떻게 변화했는가이다. 이에 대해 이 글에서 찾은 답을 정리하면 아래와 같다.

첫째, 한반도의 평화는 처음부터 낮은 수준으로 제도화되었고, 매우 부정적 특성을 갖고 있었으며, 그런 상태가 오랫동안 지속되었다. 처음부터 판문점체제는 미국과 중국 같은 외부의 힘이 냉전적 이해관계에 따라 주도하여 만들어낸 부정적 성격의 군사정전체제였고, 이렇게 외부의 힘으로 형성된 부정적 평화체제는 매우 강력한 경로의존적 성격을 갖고 있었다.

둘째, 외부 세력에 의한 권력 균형을 강조하는 현실주의자들의 해석과 달리 판문점체제는 점차 내적 요인들이 중요해지고 경로의존적 성격을 탈피하며 긍정적 평화를 향해 변화해갔다. 판문점체제의 변화에 영향을 미친 국내 행위자들의 역할에는 두 가지 유형이 있었는데, 하나는 발전주의적 평화 기획이고, 다른 하나는 민주주의적 평화 기획이었다. 전자는 외적 요인이 국내 행위자들에게 영향을 주어 일으킨 변화였는데, 예컨대 7.4 남북공동성명은 데탕트라는 외부 변화에 대한 수동적 반응으로 적극적 대응은 아니었다. 남과 북이 각기 내부의 발전을 추구했던 이 시기의 평화 구축 노력을 여기서는 '발전주의적 평화' 유형이라고 명명했다. 후자는 한국의 민주화가 내부에서 동력을 얻어 촉진한 평화프로세스를 가리킨다. 1991년의 남북기본합의서, 2000년의 6.15 공동선언, 2007년의 10.4 정상선언, 2018년의 4.27 판문점선언 같은 성취가 그러한 노력의 결과였고, 여기에서는 이런 유형의 변화를 '민주주의적 평화' 유형으로 구분했다. 이렇게 해서 한반도 내부의 행위자들로부터 보다 적극적인 평화 구축 노력이 이루어졌고, 기존의 부정적 평화를 긍정적 평화로 대체하기 위한 움직임이 이어졌다.

셋째, 자유주의적 이상주의의 관점과 달리 남북 간의 경제 교환은 하나의 시장공동체를 구축하고자 하는 이상에 의해 추동되었다기보다 1997년의 아시아 금융위기나 1990년대 북한의 고난의 행군 같은 경제적 도전을 남북협력을 통해 돌파하기 위한 이해관계가 실질적 동력이 된 경우가 많았다. 나아가 서유럽의 맥락에서 등장한 기능주의적 설명[10]은 한국에는 부분적으로만 적용될 수 있는데, 왜냐하면 남북 간의 사회 경제적 상호의존은 시공간적으로, 분야별로 매우 제한된 규모로만 이루어졌고, 교류협력의 기회들도 불안정한 남북관계, 북핵문제, 국제기구의 제재 등으로 단절되곤 했기 때문이다. 지

10 단순히 경제적 상호의존이 증가하면 경제 통합에 의해 정치적 통합도 이루어질 것이라는 초기 기능주의적 설명은 이미 경제적 상호의존이 초래하는 불균형이나 문제점들이 오히려 통합의 퇴보를 초래하는 결과를 낳을 수도 있기 때문에 경제 통합만이 아니라 정치 통합도 어느 정도 병행되어야 한다는 신기능주의에 의해 비판, 보완되었다.

금의 상태는 오히려 정치·외교적 불안정성이 경제적 교류협력 자체를 저해하고 단절시키는 단계라고 할 수 있다.

넷째, 국제적인 외부 요인과 국내적 요인들의 복잡한 결합과 조합이 비핵화라는 문턱을 넘어 긍정적인 평화를 제도화하기 위한 노력을 좌우해왔다. 한국에서는 보수정부가 들어서 지배연합 변동이 발생하자 남북관계가 급격히 악화되었고, 북한에서도 리더십 교체 이후 내부의 불안정이 심화되자 핵무기 개발에 더 집중하며 공격적인 태도를 보였다. 미국이 경제위기를 겪으며 중국과의 경쟁 구도를 강화하자 북핵문제 해결은 더 지연되고 갈등도 심화되었다. 이렇게 국내외 요인들의 부정적 조합이 판문점체제의 부정적 후퇴를 초래했다. 하지만 한국에서 민주정부로의 지배연합 변동이 일어나 적극적 평화외교를 펼치고, 북한이 다소 안정화된 체제를 기반으로 경제발전을 추구하고, 중국이 시진핑 체제하에서 평화로운 외부환경으로 경제발전을 추구하려는 이해관계가 결합되자 긍정적 평화를 위한 지역적 토대가 강화되었다. 그러면서 국제 질서를 더 경쟁적인 신냉전 질서로 이끌고 가려던 미국 정부도 역사상 유례없는 수준으로 한반도 비핵화와 평화체제 수립에 높은 수준의 관여를 하게 되었다.

결국 판문점체제는 처음에는 외부의 영향하에 형성된 부정적 평화제도였으나, 점차 남과 북의 내적 요소에 의해 주도권이 증가하며 긍정적 평화의 방향으로 변화해왔다. 외부의 영향보다는 남북과 중국을 포함한 지역 국가들의 국내 정치에 의해 추동된 이해관계와 태도의 조합이 긍정적 평화 구축의 발전 가능성을 결정하는 핵심 요소가 되었던 것이다.

이런 상황에서 2018년 본격화된 한반도 평화프로세스의 성과로 북미 갈등이 줄어들자 미중 간 무역 전쟁이 본격화되었다. 한반도가 미중 경쟁의 대리

전 전장 역할에서 벗어난 것이다. 그리고 과거의 미소 냉전과 달리 미중 경쟁은 매우 노골적인 경제 전쟁의 양상을 띠었다. 이에 비하면 한반도의 비핵화와 평화체제 구축 문제는 이해 당사자들에게 철저히 정치적 명분의 문제이다. 따라서 한반도에 평화가 올수록 갈등은 외부로 나가고, 외부의 경쟁이 경제 중심적일수록 한반도의 평화와 화해의 정치적 명분은 더욱 커지게 된다. 남북은 한반도 평화체제의 정치적 명분을 만들어줄 수 있는 유일한 당사자들이며, 특히 한국의 민주정부는 외교의 정치적 중요성이 더욱 커지면서 그 역할이 중대해졌다.

물론 2019년에는 2018년의 비교적 순조로운 평화프로세스에 비하면 2월의 하노이 북미협상 결렬과 본격화된 미중 경쟁과 분쟁의 영향을 크게 받았다. 이어서 한일 간의 갈등도 심화되며 동아시아의 식민, 전쟁, 냉전과 국력 경쟁으로 쌓여 있는 오랜 복합 갈등 구조가 평화와 협력, 신뢰와 상호 교류의 흐름을 억제했다. 그로 인해 비핵-평화프로세스의 교착상태가 발생하고 다시 불신과 갈등의 악순환적 흐름이 대두되는 양상을 보였다.

이것은 단순히 남과 북, 중국의 내부적 결정과 이해관계만으로 동아시아의 구조적 냉전과 복합 갈등을 넘어서기 어렵다는 점을 보여주기도 하고, 그렇다고 해서 미중 간의 지정학적 갈등이 예전처럼 모든 화해와 변화의 가능성을 구조적으로 닫아버릴 정도의 일방적 영향력을 가진 것도 아니라는 점을 보여주기도 하다. 분명한 것은 중국과 미국의 갈등 심화는 남북과 한반도 주변 국가들 간의 화해와 협력에 부정적 요인이 되며, 그런 갈등이 다시 북·중·러 대 남·미·일의 구도로 되돌아간다면 분단과 정전체제의 경로의존적 성격이 더욱 강화될 수 있다는 점이다.

한반도의 평화는 이러한 조건에서 남과 북의 국내 정치가 더 단단한 컨센서

스에 기반해 안정적으로 운영될수록, 국내 정치의 정당성이 무력의 균형에 의한 부정적 수준의 평화가 아니라 더 긍정적인 수준의 평화를 추구하는 데서 올수록, 주변 국가들이 군사적 긴장과 경쟁보다 경제적 발전을, 개별 국가의 단순 발전보다 그 이상으로 평화적 지역 경제공동체라는 명분을 추구할수록 더 긍정적인 수준으로 제도화될 가능성이 높아질 것이다. 결국 제도는 정치적 명분과 경제적 이해관계의 결합에 의해 변화하며, 더 큰 명분과 더 큰 이해관계가 기존의 부정적이고 협소한 명분과 이해관계를 대체할 수 있기 때문이다.

하지만 구조적으로 누적된 동아시아의 복합 갈등은 당장 두려움과 분노의 악순환을 예방할 신뢰와 화해를 필요로 하며, 단순한 경제적 발전과 국익의 추구는 국가 간 경쟁만을 강화해 또 다른 갈등의 요인이 될 수도 있다. 따라서 일방적인 경제 통합이 아니라 갈등을 해소하고 보다 호혜적인 경제협력, 보다 평등한 정치적 관계가 동시에 고려되어야 평화와 통합을 위한 노력들이 보다 안정적으로 지속될 수 있을 것이다.

참고문헌

- 김연철, 2011, '노태우 정부의 북방정책과 남북기본합의서: 성취와 한계', 〈역사비평〉 97호, 80쪽
- _____. 2012. '7.4 남북공동성명의 재해석', 〈역사비평〉 99호, 220쪽
- 김일한·김상범, 2015, '정치적 문제의 경제적 처방: 5.24 조치와 풍선 효과', 〈현대북한연구〉 18(2), 231쪽
- 김지형, 2008, '7.4 공동성명 전후의 남북대화', 〈사림〉 30호, 27쪽
- 김학재, 2015, 《판문점체제의 기원》, 후마니타스
- 박경서·정근식, 2018, 《평화를 위한 끝없는 도전: 박경서와 정근식의 사제 대화》, 북로그컴퍼니.
- 백낙청, 2017, 《백낙청 회화록 1-7》, 창비
- 송민순, 2016, 《빙하는 움직인다: 비핵화와 통일외교의 현장》, 창비
- 신장섭, 2014, 《김우중과의 대화: 아직도 세계는 넓고 할일은 많다》, 북스코프
- 임동원, 2015, 《피스 메이커: 남북관계와 북핵문제의 25년》, 창비
- 전재성, 2002, '노태우 행정부의 북방정책 결정 요인과 변화 과정 분석', 〈세계정치〉 24(1), 259쪽
- 조경근, 2014, '10.4 남북정상선언의 주요 내용과 쟁점', 〈통일전략〉 14(3), 41쪽
- 한완상, 2013, 《한반도는 아프다: 적대적 공생의 비극》, 한울아카데미
- 홍석률, 2012, 《분단체제의 히스테리》, 창비

- Arthur, W., 1994, Increasing Returns and Path Dependence in Economy, Ann Arbor: University of Michican Press

- Bennett, B. W., 2013, Preparing for the Possibility of a North Korean Collapse, RAND corporation
- Bracken, P., 1992, 'Institutional Factors in War Termination' in J. Stephen, R. Sidney(ed.), Controlling and Ending Conflict, New York: Greenwood Press
- Capoccia, G. et al., 2007, 'The Study of Critical Junctures: Theory, Narrative, and Counterfactuals in Historical Institutionalism, World Politics 59(April), p.341
- Chanlett-Avery, E. et al., 2015, 'North Korea: U.S. Relations, Nuclear Diplomacy, and Internal Situation', Congressional Research Service Report RL41259
- Copeland, D., 2015, Economic Interdependence and War, Princeton University Press
- Dedman, Martin, 2010, The Origins and Development of the European Union 1945-2008: A History of European Integration(2nd edition), Routledge
- DiMaggio, P. and Powell, W., 1983, 'The Iron Cage revisited: Institutional isormorphism and collective rationality in organizational fields', American Sociological Review 48, p.147
- Foot, R., 1990, A Substitute for Victory: The Politics of Peacemaking at the Korean Armistice Talks. Ithaca, NY: Cornell University Press

- Gartner, S. and Gary, M., 1998, 'War, Casualties and Public Opinion', Journal of Conflict Resolution 42(3), p.278
- Gartner, S. and Marissa, E., 1995, 'Body Counts and 'Success' in the Vietnam and Korean Wars', Journal of Interdisciplinary History 25(3), p.337
- Gerschenkron, A., 1962, Economic Backwardness in Historical Perspective: A Book of Essays, The Belknap Press of Harvard University Press
- Haggard, S., 2015, 'The developmental state is dead: long live the developmental state!' in J. Mahoney and K. Thelen(ed.), Advances in Comparative Analysis, Cambridge University Press
- Haggard, S. and Noland, M., 2012, 'Engaging North Korea: The Efficacy of Sanctions and Inducements', in Etel Solingen(ed.), Sanctions, Statecraft, and Nuclear Nonproliferation, Cambridge: Cambridge University Press
- Halperin, M., 1970, 'War Termination as a Problem in Civil-Military Relations', How Wars End: The Annals of the American Academy of Political and Social Sciences 392, p.86
- Hamm, Taik-Young, 1999, Arming the Two Koreas: State, Capital and Military Power, Roudledge
- Iklé, F., 1991, Every War Must End, New York: Columbia University

Press
- Kim, H., 2004, Korea's Development Under Park Chung Hee: Rapid Industrialization, 1961-1979, Routledge Chapman & Hall
- Knapp, Andrew and Footitt, Hilary eds., 2013, Liberal Democracies at War: Conflict and Representation, Bloomsbury Academic.
- Leffler, M., 1992, A Preponderance of Power: National Security, the Truman Administration, and the Cold War, Stanford, CA : Stanford University Press
- Loth, Wilfried, 2014, 'States and The Changing Equations of Power', in Akira Iriye(eds.), Global Interdependence, Havard University Press
- ____. 2015, Building Europe: A History of European Unification, De Gruyter Oldenbourg
- Mahoney, J., 2000, 'Path Dependency in Historical Sociology', Theory and Society 29, p.507
- Mahoney, J and Thelen, K., 2009, Explaining Institutional Change : Ambiguity, Agency and Power, Cambridge University Press
- Moussis, Nicholas, 2015, Access to European Union law, economics, policies, Intersentia Ltd; 21st edition
- Nikitin, M., 2009, 'North Korea's Nuclear Weapons', Congressional Research Service Report RL34256
- North, D., 1990, Institutions, Institutional Change and Economic

Performance, Cambridge University Press

- Paige, G., 1968, The Korean War Decision - June 24-30, 1950, New York: The Free Press
- Pierson, P., 2004, Politics in Time: History, Institutions, and Social Analysis, Princeton, NJ: Princeton University Press
- Rothstein, R., 1970, 'Domestic Politics and Peacemaking: Reconciling Incompatible Imperatives', How Wars End: The Annals of the American Academy of Political and Social Sciences 392, pp.62-75
- Shin, G, Straub, D, Lee, J., 2014, Tailored Engagement: Toward an Effective and Sustainable Inter-Korean Relations Policy, Walter H. Shorenstein Asia-Pacific Research Center Books
- Sigal, L., 1988, Fighting to a Finish: The Politics of War Termination in the United States and Japan, 1945, Ithaca, NY: Cornell University Press
- Smith, J., 1995, Stopping Wars: Defining the Obstacles to Cease Fire, Boulder, CO: Westview Press
- Stanley, E., 2009, Path to Peace: Domestic Coalition shifts, War termination and the Korean War, Stanford University Press.
- Storz, C. et al., 2013, 'Bringing Asia into the comparative capitalism perspective', Socio-Economic Review 11, pp.217-232
- Streeck, W. and Thelen, K.(eds.), 2005, Beyond Continuity.

Institutional Change in Advanced Political Economies, Oxford, Oxford University Press
- Thelen, K, 1999, 'Historical Institutionalism and Comparative Politics', Annual Review of Political Science 2, pp.369-404
- Westad, O., 2005, The Global Cold War: Third World Interventions and the Making of Our Times, Cambridge University Press
- Wiener, A. and Diez, T.(eds), 2004, European Integration Theory, Oxford: Oxford University Press
- Yuan, J., 2014, 'Nuclear Politics In Asia', in Saadia M. Pekkanen et al.(eds), Oxford Handbook of the International Relations of Asia, Oxford University Press

6장

남북관계에서의 갈등, 갈등 해소, 협력[1]

장경룡
(전) 광주여자대학교, 대한민국

1 이 글의 영문판은 Chang Keung Ryong, 2017, 'Conflict, Conflict Resolution, and Cooperation in the Inter-Korea Relations', 〈인문사회 21〉(제8권 5호, pp.1059-1077)에 게재되었다.

남북한은 공통의 문화유산과 목표(예: 통일)를 갖고 있음에도 불구하고 한국전쟁을 비롯하여 70년 넘게(1948년-현재) 갈등을 지속하고 있다. 그동안 수많은 갈등과 위기, 무력 분쟁을 겪었고, 화해와 협력을 위한 수많은 시도도 실패로 끝나고 말았다. 지금도 남북한 갈등의 빈도와 강도는 줄어들지 않고 있으며, 긴장관계의 앞날을 예측할 수 없게 한다.

이 글이 제기하는 주요한 질문은 다음과 같다.

남북관계의 성격은 무엇인가? 남북 갈등이 장기화되는 원인은 무엇인가? 갈등은 종식될 수 있는가? 남북 갈등이 해소될 수 있는 조건은 무엇인가? 남북협력을 달성하기 위한 결정적인 요소는 무엇인가?

필자는 이 글에서 남북한의 갈등을 전형적인 장기 갈등으로 규정하고, 남북관계는 갈등 해소에 최우선 순위를 두어야 한다고 주장한다. 1절에서는 앙숙관계, 숙적관계, 전략적 대립, 만성적 갈등 등의 선행연구들을 검토한다. 이어서 정책결정자의 인식, 제도화된 의지, 편향적 대응을 장기 갈등 구조로 설명한다. 2절에서는 남북이 협력을 시도한 두 사례, 즉 2000년 '6.15 남북공동선언'과 2007년 '10.4 남북정상선언'을 다룬다. 사례연구를 통해 과거 남북의 협력 시도로부터 경험적 교훈을 도출할 것이다. 이어서 남북의 장기 갈등을 해소하기 위한 이론적 전망을 살필 것이다. 3절의 맺는말에서는 남북의 장기 갈등이 상당 기간 지속될 가능성이 높으므로 갈등 해소를 최우선으로 하되 남북한이 협력 합의뿐 아니라 성공적인 이행에 집중해야 함을 주장할 것이다.

1

장기 갈등과 남북의 관계

남한과 북한은 해방 이후 한국전쟁(1950-1953년)을 포함하여 70여 년 넘게 갈등을 지속해온 장기 갈등관계에 있다. 장기 갈등에 대한 선행연구는 크게 앙숙관계(Protracted Conflict)이론, 숙적관계(Enduring Rivalry)이론, 전략적 대립(Strategic Rivalry)이론, 만성적 갈등(Intractable Conflict)이론으로 분류할 수 있는데, 이 네 가지 이론은 장기 갈등 이해에 유용한 틀을 제공한다.

장기 갈등은 전면전으로 확대될 가능성이 매우 높기 때문에 그에 대한 연구와 이해가 중요하다. 장기 갈등의 특징은 빈번한 무력 행사, 무력적 위기 관리, 심각한 군사 충돌(전면전 포함)의 빈번한 발생이다. 브레처(Brecher, 1993)에 따르면, 1919-1988년 동안 앙숙관계에서 발생한 317건의 갈등 중 52%가 심각한 군사 충돌이나 전면전으로 이어졌다. 고어츠와 딜(Goertz and Diehl, 1992)은 1816-1976년간 숙적관계의 53%가 전쟁을 초래했고, 79%가 무력 충돌을 빚었다고 밝혔다. 게다가 장기 갈등은 강도 높은 폭력성에 비해 그 종료는 매우 어려운 경향을 보인다.

1) 장기 갈등에 관한 연구들

(1) 앙숙관계(Protracted Conflict)

에이자 등(Azar et al., 1978)은 만성적 갈등을 “간헐적인 전쟁 발발과 함께 장기간에 걸친 적대적 상호작용 …… 매우 위험한 상태에 있는 갈등…… 종료 시점이 불분명한 상태로 지속되는 …… 특정 시점의 특정 사건 혹은 심지어 일련의 사건들이 아니라 과정들"이라고 정의한다. 한편 브레처와 윌켄펠드(Brecher and Wilkenfeld, 1989)는 미국과 소련의 관계는 전면전을 경험하지 않은 앙숙관계로, 전면전이 앙숙관계의 필요조건이 될 수 없다고 지적한다. 브레처(2106)는 앙숙관계의 필요조건으로 오랜 기간 진행되는 적대적 상호작용, 첨예한 이해관계, 다양한 영역으로의 갈등 확산, 그리고 장시간에 걸친 갈등 과정을 제시한다.

앙숙관계의 근원은 무엇인가? 앙숙관계를 다룬 많은 연구들(Azar 1990, Burton 1986, Smith 1986)[2]은 '집단 정체성'이 앙숙관계의 가장 큰 원인이라고 주장한다. 에이자와 파라(Azar and Farah, 1981:320)는 사회적 앙숙관계가 집단 정체성 혹은 국가 정체성에 원인이 있다는 점에서 다른 종류의 갈등과는 다르다고 주장한다. 앙숙관계 이론가들이 집단 정체성을 앙숙관계의 주요 원인이라고 생각하는 이유는 '정체성' 같은 가치들은 협상이 가능한 '이해' 관계와는 달리 협상이 불가능하기 때문이라고 본다(Azar 1986).

(2) 숙적관계(Enduring Rivalry)

가치만과 매오즈(Gochman and Maoz, 1984: 587)는 숙적관계를 상호 간 군사적 분쟁을 매우 빈번하게 경험하는 한 쌍의 국가로 정의한다. 이들이 말하는 군사적 분쟁이란 "둘 이상의 국가들 간에 군사력 사용 위협, 군

2 앙숙관계에 관한 기타 문헌은 Brecher 1984, 2008: 28-35; Chang 2007b; Rasler 2002 참조

사력 과시, 혹은 실제적 무력 사용 등의 일련의 상호작용"이다. 딜과 고어츠(Diehl and Goertz, 2000: 222-223)는 숙적관계란 분쟁을 겪는 양측이 모두 외교정책 수단으로 무력을 동원하여 문제를 해결하는 관계이며, 이러한 군사적 해결 양태가 충분히 오랫동안 지속되면 '숙적'이 된다고 말한다. 딜(1985: 250)은 숙적관계를 "양국이 15년 이내의 기간 동안 적어도 3회 이상의 무력 분쟁을 겪은" 상황으로 설명한다. 미드랄스키(Midlarsky, 1992)는 숙적관계를 "둘 이상의 국가들 혹은 응집력 높은 사회적 실체들 간에 주기적으로 폭력을 일으키는 장기 갈등"이라고 정의한다.

숙적관계 이론가들이 분석한 숙적의 원인은 무엇인가? 모로(Morrow, 1989: 225-6)는 '정책에 대한 근본적 이견'을 숙적관계의 주된 원인으로 보았다. 몇몇 이론가들은 국가들이 서로 상대방을 자신의 안보에 대한 일차적 위협으로 간주할 때 숙적관계가 발생한다고 말한다(Williams and McGinnis 1992: 89). 딜(1985)은 반복적인 이해의 충돌이 시간의 경과에 따라 지속되면 숙적관계가 형성된다고 보았다. 결국 국가 간 이해관계가 충돌할 때 숙적관계로 바뀐다고 볼 수 있다. 매오즈와 모르(Maoz and Mor, 2002: 4-5)는 숙적관계의 특징을 일련의 미해결 문제들, 전략적 의존성, 적대감의 심리적 표출, 반복되는 무력 분쟁[3] 등으로 요약한다.

(3) 전략적 대립(Strategic Rivalry)

콜라레시 등(Colaresi, Rasler and Thompson, 2008: 3-4)은 전략적 대

3 숙적관계에 관한 문헌은 Goertz and Diehl 1992, 2000, 2005; Hensel 1999; Hensel, Goertz, and Diehl 2000; Huth 1996; Huth and Russett 1993; Leng 2000 참고

립은 정책결정자들이 어떤 특정 국가를 자국에의 실질적 혹은 잠재적 위협이 될 수 있는 명시적인 적이라고 인식할 때 나타난다고 본다. 즉, 적으로부터의 위협 인식과 경쟁이 결합될 때 대립이 발생한다는 것이다. 그들에 따르면, 전략적 대립은 무력 충돌이 없는 상황에서도 발생할 수 있다. 따라서 무력 충돌은 전략적 대립의 필요조건이 아니다.

한편 그들은 전략적 대립에서 역사성이 중요하다고 강조한다. 전략적 대립을 한 쌍의 국가가 일정 기간 동안 적대적 관계를 발생시키고 유지하는 역사적 과정으로 이해한다. 따라서 전략적 대립 상태에 있는 국가들은 정책을 결정할 때 현재의 선택이 미래에 어떠한 영향을 미치고 어떤 결과를 가져올지를 계산한다(Colaresi et al., 2008: 21). 이러한 맥락에서 콜라레시 등은 전략적 대립을 한 쌍의 국가가 경로의존적 적대감이 심리적으로 충만한 상황에서 상대방과 상호작용하는 갈등이라고 주장한다.[4]

(4) 만성적 갈등(Intractable Conflict)

만성적 갈등의 주요 이론가인 크리스버그(Kriesberg, 1995, Bar-Tal 1998: 5에서 재인용)는 만성적 갈등의 특징을 ① 갈등의 장기적 지속, ② 상대방과의 목표 상충으로 인한 타협 불가능 인식, ③ 갈등의 지속에 대한 갈등 당사자들의 관심,[5] ④ 폭력적 갈등 양상 네 가지로 요약한다. 이에 더하여 바탈(Bar-

4 전략적 대립에 관한 연구는 Colaresi 2001, 2004, 2005; Colaresi and Thompson 2002; Colaresi, Rasler, and Thompson 2008; Karen and Thompson 2000; Thompson 2001; Valerino 2013 참고

5 크로커 등(Crocker et al., 2004: 7-8)은 만성적 갈등이 지속되는 이유로 정치 지도자의 역할을 내세운다. 그들의 주장에 따르면, 만성적 갈등을 겪는 국가들의 정책결정자들은 상대방과의 협상에는 큰 관심이 없다. 이유는 ① 만성적 갈등이 정치 지도자들을 힘들게 하지 않고, ② 갈등의 지속과 지도자들의 기득권이 상호 관련되어 있어 오로지 '갈등'에 전념하며, ③ 지도자는 평화가 오거나 갈등이 종식되면 자신의 정치적 기반이 사라질 것을 걱정하기 때문이다.

Tal, 1998, 2015)은 만성적 갈등이 갈등 당사국들에는 제로섬 성격, 총체적[6] 그리고 중심적 사안으로 인식된다고 주장한다.

바탈(2015)은 만성적 갈등에서 갈등 당사자들의 행동에 영향을 미치는 사회·심리적 요소들의 중요성을 강조한다. 바탈(1998: 6-13)은 갈등을 만성화하는 요인으로 사회적 신념 8가지를 제시하는데, ① 자신이 추구하는 목표의 정당성, ② 안보, ③ 상대방의 정통성 혹은 합법성 부정, ④ 긍정적인 자기 이미지, ⑤ 피해의식, ⑥ 애국심, ⑦ 일체감, ⑧ 평화에 대한 자신만의 생각 등이다. 그는 만성적 갈등을 겪는 국가들은 그들의 정체성과 상징적 가치뿐만 아니라 영토, 주권, 국가로서의 지위, 자원, 경제적 평등과 같은 이해관계를 두고도 갈등을 벌인다고 설명한다(Bar-Tal, 2015: 37-38).

(5) 장기 갈등의 공통 요소들

위의 주요 이론들을 검토해보면, 장기 갈등에서 발견되는 공통점을 다음과 같이 정리해볼 수 있다.

첫째, 국가 간 폭력적 분쟁이 주기적으로 발발하며, 최소 10년 이상 지속된다. 둘째, 상대방과의 갈등이 자국 내의 각 영역으로 확산되어 사회 전반에 걸쳐 만연된다. 셋째, 장기 갈등의 근본 원인은 중대한 이해관계, 해결되지 못한 문제, 근본적인 정책 이견, 국가이익 그리고/혹은 국가 정체성에서의 양립 불가능한 목표들이다. 넷째, 장기 갈등을 겪는 국가들 간의 상호작용의 특

6 만성적 갈등을 겪는 국가들은 갈등이 '국가의 존재 그리고/혹은 생존을 위해 절대적으로 본질적인 가치이자 필요한 일'로 파악한다. 또한 만성적 갈등은 영토, 자원, 정체성, 경제, 문화, 종교 등 갈등 당사국의 모든 영역으로 파급된다(Bar-Tal 1998: 6).

징은 폭력적 행위, 적대적 상호작용, 무력 분쟁 등이다. 다만 장기 갈등 국가들 간에도 협력은 발생할 수 있다(전략적 대립이론). 다섯째, 장기 갈등을 겪는 국가들 간의 행위는 단순한 일회적 사건이나 사건들의 집합이 아니다. 그것들은 오랜 시간에 걸쳐 진행되는 갈등의 과정, 갈등의 흐름, 역사적 과정의 일부이다. 여섯째, 장기 갈등에서는 심리적 요소가 갈등 과정에 많은 영향을 준다. 상대방에 대한 적개심과 혐오감, 상대방으로부터의 위협 인식, 상대방과의 관계를 제로섬 게임으로 보는 시각, 갈등의 고조를 가져오는 인식의 왜곡, 갈등을 더욱 지속하게 만드는 사회적 신념 등이 장기 갈등의 전개에 중요한 역할을 한다.

장기 갈등에 관한 선행연구들은 이론의 발전에 중대한 공헌을 했다. 그러나 몇 가지 지적할 만한 사항이 있다. 첫째, 장기 갈등에 관한 주요 이론들은 장기 갈등의 중요 요소들(예: 국가이익, 국가 정체성, 사회·심리적 기제)이 어떠한 조건에서 어떤 방식으로 적대적 상호작용을 촉진시키는지에 대한 구체적 설명을 제공하지 못했다. 둘째, 이 이론들은 장기 갈등이 비(非)장기 갈등과 달리, 쉽게 갈등의 고조 혹은 격화를 가져오는 이유를 분석하지 않았다.[7] 셋째, 장기 갈등을 해결하려는 당사국들의 노력과 실패에 대해 충분한 관심을 기울이지 않았다.[8]

이 글은 장기 갈등 국가들의 폭력적 상호작용을 촉발시키는 장기 갈등의 독특한 구조와 장기 갈등 국가 간 협력의 실패 과정을 논의할 것이다. 이를 통

7 그러나 전략적 대립이론은 갈등 과정에서 파생하는 왜곡된 인식 때문에 장기 갈등이 비화될 가능성이 높다고 파악한다.

8 예외적으로 Brecher 2016; Chang 2017, 2016b, 2009, 2007a 등이 있다.

해 장기 갈등이 '분쟁'과 '화해 시도' 사이를 반복적으로 오가는 패턴을 기술하고자 한다.

2) 장기 갈등의 구조와 남북한의 갈등

(1) 장기 갈등의 구조[9]

① 정책결정자의 인식

반복되는 갈등과 지속적인 분쟁의 역사와 그 과정은 장기 갈등 당사국들에 사회·심리적 영향을 미친다. 즉, 장기 갈등 국가들은 상대방에 대하여 혐오감과 적대감을 갖게 된다. 또한 장기 갈등을 겪는 국가들은 상대방에 대한 과거로부터의 부정적 기억 때문에 서로를 악마로 보기도 한다(Rothman 1992: 14). 사회·심리적 현상들은 상대방에 대한 최고 정책결정자들의 인식에도 지대한 영향을 주고, 그들의 의사결정 과정에서 중요한 역할을 한다. 장기 갈등에서 정책결정자들의 인식은 크게 자국에 대한 인식과 상대방에 대한 인식으로 나뉜다.

첫째, 장기 갈등을 경험하는 정책결정자들은 자신들의 국가가 오직 피해자일 뿐이라는 인식을 갖는다. 즉, 과거로부터 현재까지 진행되는 장기 갈등의 원인이 무엇이든, 장기 갈등관계에 있는 모든 당사국들은 자신들을 오로지 희생자로만 인식하는 경향이 있다(Bar-Tal, 1998: 11-12). 반면에 자신의 국가 또한 상대국에 위협적인 존재라는 사실은 결코 수용하지 않는다. 둘

9 보다 자세한 내용은 Chang 2016a: 139-141, 2007a, 2007b, 1996: Ch.2 참고

째, 장기 갈등 국가의 정책결정자들은 상대국에 대한 부정적 이미지를 갖고 있다. 자신들의 핵심 가치(예: 안보와 생존)에 대한 상대국의 지속적인 위협이 장기 갈등 국가의 정책결정자들로 하여금 상대방의 존재를 인정할 수 없도록 만든다(Bar-Tal, 1998: 10). 마침내 정책결정자들은 상대방을 악의 화신으로 간주하기 시작한다. 요컨대 과거로부터의 누적된 갈등은 정책결정자들로 하여금 상대방을 부정적으로 인식하게 만드는 것이다.

② 제도화된 의지

상대방에 대한 부정적 인식은 정책결정자들로 하여금 향후의 분쟁에 대비하여 군사력을 포함한 다양한 능력을 강화하게 하고, 상대방을 영원한 적으로 간주하게 만들며(Ikle, 1991: 11), 상대방에 대한 기존의 정책을 고집하게 만든다(Lebow, 1981: 201-202). 상대방에 대한 부정적 이미지가 더욱 악화되고 적으로부터의 위협 인식이 고조됨에 따라 정책결정자들은 어떠한 희생과 대가를 치르고서라도 자국의 핵심 가치를 수호하려는 의지를 강화하게 된다. 이러한 의지는 상대방을 염두에 둔 정책 일반, 특히 군사력 강화로 나타난다. 예를 들어 보다 강도 높은 전쟁 준비, 군사력 증강, 무자비한 보복과 응징, 화해 절대 불가 등으로 나타난다.

충돌이 반복적으로 진행되는 과정에서 국제위기를 경험하는 정책결정자들이 상대방과의 전면전 가능성을 높게 인식하게 되면 전쟁 계획이나 최악의 경우에 대비한 전쟁 시나리오를 수립할 수 있다(Ikle, 1991; Lebow, 1981). 이와 같은 상황은 장기 갈등 국가의 정책결정자들에게 선제공격을 선택하게 할 수 있다. 요컨대 자국과 적국에 대한 정책결정자들의 부정적 인식은 그들로 하여금 상대방에 대한 적대적 의지를 제도화하게 만든다(Atkeson,

1976).

③ 편견이 개입된 정책결정

상대방에 대한 악화된 이미지와 제도화된 의지는 정책결정자들로 하여금 상대방에 대한 대응 전략을 오도하게 할 수 있다. 예를 들어 정책결정자들은 상대방에 대한 정보가 기존에 갖고 있던 인식에 부합되지 않을 경우 유입되는 정보를 묵살하거나 평가절하 또는 무시할 수 있다. 또한 정책결정자들이 정책결정그룹과 함께 정책결정을 논의할 때 기존의 제도화된 의지가 금기시된 논의 자체를 제약하거나 편향된 판단을 갖게 할 수 있다. 이처럼 제도화된 의지는 여러 대안들 가운데에서 최적의 방안을 이끌어낼 수 있는 정책결정자들의 합리적 선택의 폭을 제약할 수 있다.

과거의 갈등과 위기로부터 수립된 전쟁 계획 혹은 최악의 경우에 대비한 계획들은 정책결정자들로 하여금 잠재적인 적을 영원한 적으로 인식하게 하거나, 적으로부터의 잠재적 혹은 실질적 위협에 과잉 대응하게 하거나, 상대국으로부터의 우호적인 신호들을 무시하게 만들 수 있다. 상대방에 대한 반응은 일반적으로 상대방에 대한 평소의 인식에 의해 결정되기 때문이다. 결국 상대방에 대한 정책결정자들의 왜곡된 이미지와 제도화된 의지의 결합은 장기 갈등에서의 갈등 촉발, 반복적 국제위기, 전쟁·갈등 종식 방해, 그리고 협력 감소의 결정적 요인이 된다.

(2) 남북한의 장기 갈등

장기 갈등은 부정적 인식, 강화된 의지, 편견이 개입된 정책결정으로 무수한 충돌과 협력의 실패를 초래한다. 남북한의 장기 갈등[10] 역시 한국전쟁(1950-1953), 푸에블로호 피랍사건(1968), 미루나무(판문점 도끼 만행) 위기(1976), 랑군 테러(아웅산 폭탄 테러, 1983), 1차 북핵위기(1993-1994), 2차 북핵위기(2002-2004), 북한의 1차 핵실험과 대포동 2호 발사(2006), 2차 핵실험(2009), 3차 핵실험(2013), 4·5차 핵실험(2016) 등 일련의 갈등과 위기, 전쟁을 경험해왔다. 남북한은 7.4 공동성명(1972), 남북기본합의서(1992), 6.15 공동선언(2000), 10.4 남북정상선언(2007), 6자회담(2003-2008) 등의 협력을 시도하기도 했지만, 모두 실패하고 말았다.

지금까지 살펴본 바와 같이 장기 갈등은 ① 전면전으로 비화할 가능성이 높은 갈등, ② 갈등 과정에의 심리적 영향이 심대한 갈등, ③ 다양한 하부 갈등들이 누적되는 역사적 과정으로서의 갈등, ④ 해결과 종식이 매우 어려운 갈등이다. 남북한의 장기 갈등 역시 예외가 아니다.

그렇다면 이제 우리는 다음과 같은 질문을 던질 수 있을 것이다.

한반도에서 또 한 번의 전쟁을 막을 수 있는 방법은 무엇이고, 남북의 협력을 달성할 수 있는 방법은 무엇인가?

---

10 1948년 이후의 남북 장기 갈등은 1993년 이후 '북미 간의 핵 장기 갈등'과 연동되어왔다.

2

남북한 협력 시도의 경험적 교훈과 가능성의 이론적 전망

장기 갈등은 심각한 충돌로 비화되고 화해 노력은 실패로 귀결될 가능성이 높다는 사실을 고려할 때 남북 갈등의 해소와 협력의 성취 역시 쉽지 않을 것이다. 이 글에서는 그 가능성을 파악하기 위해 먼저 과거에 있었던 남북한의 협력 시도들, 즉 6.15 공동선언(2000)과 10.4 남북정상선언(2007)을 검토하고 이로부터 경험적 교훈을 도출할 것이다. 그리고 앙숙관계 종식에 관한 브레처(Brecher, 2016)모델을 통해 향후 남북한의 장기 갈등 종식 가능성에 관한 이론적 전망을 제시할 것이다.

1) 남북한의 협력 시도들이 남긴 경험적 교훈

사례 1: 6.15 공동선언(2000)

(1) 협력

김대중 대통령과 북한의 김정일 국방위원장은 2000년 6월 13일부터 15일까지 평양에서 제1차 남북정상회담을 개최했다. 그 결과로 6.15 남북공동선언(이하 '선언')이 발표되었는데, 주요 내용은 다음과 같다.

① 통일문제를 그 주인인 우리 민족끼리 서로 힘을 합쳐 자주적으로…

② … 남측의 연합 제안과 북측의 낮은 단계의 연방제안이 서로 공통성이 있다고…

③ … 인도적 문제를 조속히 풀어나가기로…

④ 경제협력을 통하여 민족경제를 균형적으로 발전시키고… 협력과 교류를 활성화하여 서로의 신뢰를 다져나가기로…

⑤ 합의사항을… 실천에 옮기기 위하여 빠른 시일 안에 당국 사이의 대화를 개최하기로…

이 선언은 세 가지 측면에서 역사적 중요성이 있다.

첫째, 선언은 1972년의 7.4 남북공동성명과 1992년의 남북기본합의서에 이어 한반도 화해를 위한 남북한의 세 번째 시도이다. 둘째, 선언은 남북한의 정상들이 상대방을 합법적 존재로 인정했음을 확인한 것이다. 셋째, 선언은 남북경제협력이 상호신뢰 구축을 위한 필요조건이 될 수 있음을 강조한 것이다(Chang, 2016: 6).

이 같은 남북한의 협력을 추동한 요인은 무엇이었는가? 1989년 독일이 통일되고, 1991년 소련이 해체된 이후 세계 정치는 탈냉전기에 접어들었다. 탈냉전기는 남북한으로 하여금 상대방에 대한 정책을 전환하게 만들었다. 소련의 붕괴를 지켜보면서 북한은 자국의 정치적, 경제적, 외교적 입장을 강화해야 할 필요성을 인식했다. 따라서 1990년대 초반에 한국에 대한 북한의 유화적 태도는 그들의 정치·외교적, 경제적 배경에 기인한 것이었다(Kim, G.-d., 2012: 207). 더욱이 김정일은 1999년 말, 경제적 난관을 해결해야 하는 절박한 상황에 직면해 있었고 남한과의 관계 개선을 통해 경제적 위기를 해결할 수 있을 것이라고 판단했다(Kenneth Quinones의 증언, Chung C. H.,

2014: 96-97에서 인용). 한국의 김대중 대통령도 탈냉전기를 맞아 대북 적대 정책의 중단과 협력정책의 시도가 필요하다고 보았다. 이에 김대중 정부는 남북한의 관계 개선에 최우선 순위를 부여하며, 북한과의 평화 공존을 위한 정책을 추진하고, 군사적 긴장을 완화하며, 통일 기반을 조성하고자 노력했다(Park, J. M., 2003: 324). 북한과의 화해, 협력에 대한 김대중 정부의 구상은 '햇볕정책'으로 반영되었다.

2000년 6월 14일, 남북의 두 정상은 통일 방안, 자주, 전쟁 방지와 평화체제 구축 등을 논의했다. '통일 방안'과 관련하여 남북은 연합제와 고려연방제를 각기 주장했고, 의견 조율 끝에 남북의 통일 방안에 공통점이 있음을 인정하는 선에서 합의가 이루어졌다(Chung C.H., 2014: 134-5). '자주'의 문제와 관련하여 김정일 위원장은 한반도의 문제는 '우리 민족끼리' 해결해야 한다고 주장한 반면, 김대중 대통령은 주변국들이 남북한의 자주를 인식할 수 있을 때 비로소 자주가 정당화될 수 있다고 김 위원장을 설득했다. 결국 김 위원장은 김 대통령의 주장에 동의했다(Chang, 2016: 9-10). '전쟁 방지와 평화'에 대해서 양 정상은 모든 노력을 다해 한반도에서 또 한 번의 전쟁이 일어나는 것을 막아야 하고 남북한이 협력의 새 시대를 열어가야 한다는 점에 동의했다(Chung, C. H., 2014: 137).

(2) 협력 실패

6.15 남북공동선언이 협력과 화해의 가능성을 보여주었음에도 불구하고 남북한은 2002년까지 군사적 긴장 완화, 평화적 레짐 구축, 남북 간 장기 갈등 해소에 괄목할 만한 진전을 보이지는 못했다. 선언은 결과적으로 남북한 합의가 제대로 이행되지 못한 전형적인 사례가 되었다(Song, J.H., 2007: 472).

남북한의 세 번째 협력 시도가 실패로 돌아간 원인은 무엇인가?

첫째, 남북은 첨예한 이해관계(예: 안보), 근본적인 정책 차이(예: 이데올로기), 목표의 상충(예: 통일 방안)을 해결하지 못했다. 한국은 북한이 주한미군을 인정했다고 생각했지만, 북한은 재차 "남북 화해 분위기에 맞춰 미군을 조속히 철수시켜야 한다"고 다시 주장했다(〈로동신문〉, 2000. 9. 27). 이뿐만 아니라 남북은 각자의 체제와 이념을 두고 여전히 갈등을 재현했다. 북한은 자신들이 주장했던 느슨한 형태의 연방제가 완성형 연방제를 이루기 위한 과도기 형태라고 주장(Song, J. H., 2007: 454에서 인용)했지만, 남한은 이를 수용할 수 없었다.

둘째, 남북협력의 실패 원인은 부분적으로 한국에 대한 북한의 불신과 부정적 인식에 기인했다. 김대중 대통령이 대북정책의 패러다임을 전환했음에도 불구하고 북한은 한국 정부를, 특히 햇볕정책을 매우 불신했다(Chang, 2016: 11-12). 북한은 한국이 흡수통일정책을 고수하고 결과적으로 북한의 붕괴가 햇볕정책의 전제조건이라고 믿었다(Shin, J., 2003: 307-308).

셋째, 북한은 남한에 대한 제도화된 의지를 유지했다. 북한은 군사적 긴장 완화를 위한 한국의 회담 요청에 단 한 차례도 응하지 않았다. 오히려 북한은 6.15 남북공동선언 이후 자신들의 군사력을 강화했다. 당시 민주당 강창선 의원은 북한이 선언 합의 이후 10년간 가장 큰 규모로 군사훈련을 실시했다고 증언했다(Chang, 2016: 12에서 인용). 결국 남북관계는 선언 합의 이후 1년도 지나지 않아 다시 갈등상태로 복원되었다(Suh, D. S., 2002: 8).

사례 2: 10.4 남북정상선언(2007)

(1) 협력

노무현 대통령과 북한의 김정일 위원장은 2007년 10월 4일 평양에서 남북정상선언을 발표했다. 선언은 전문과 본문 8개 조항으로 구성되었는데, 조항 1과 2는 남북관계에 대한 기본 정신, 태도, 원칙에 관한 것이고, 3번과 4번 조항은 군사적 적대관계를 끝내고 영구적인 평화 레짐을 구축하는 것에 대해 언급하고 있다. 조항 5와 6은 남북협력이 경제 영역뿐 아니라 사회·문화 전반에 걸친 것임을 선언하고, 7번 조항은 인도주의 협력사업에 관해 명시하고, 8번 조항은 한민족을 위한 남북협력 증진의 중요성을 강조하고 있다.

선언은 다음과 같은 역사적 의의를 지닌다.

첫째, 1972년 7.4 공동성명, 1992년 남북기본합의서, 2000년 6.15 남북공동선언에 이은 4번째 남북 간 화해 시도이다. 둘째, 선언은 남북관계 증진, 한반도 평화 레짐 구축, 한민족 공통의 목표(예: 공동 번영과 통일) 성취와 같은 다양한 현안들을 다루었다. 셋째, 선언은 6.15 공동선언 시행을 위한 구체적 로드맵으로 널리 인식되었다(Chang, 2017: 223-4).

남북한이 협력을 다시 시도하도록 한 동력은 무엇인가? 북한이 2006년 7월 5일 대포동 2호 미사일을 발사하자 한국은 정상회담의 필요성을 인식하기 시작했다. 북한은 나아가 같은 해 10월 9일 핵실험을 단행했는데, 이는 갑작스러운 북한의 6자회담 복귀 결정 이후 이루어진 일이었다. 크리스토퍼 힐 미국 국무부 동아시아태평양 차관보는 2006년 12월 5차 6자회담에서 북한과의 관계 개선에 대한 부시 정부의 의도를 전달했다. 이후 북한은 남한과의 관계 회복에 관심을 보이기 시작했고, 이듬해인 2007년 1월 19일 한국이 북한의 통일 방안에 긍정적으로 응답할 경우 남북관계가 새로운 시대로 진입할 수 있을 것이라고 발표했다(Chung C. H., 2014: 168-9에서 인용).

한국은 2007년 북한과의 정상회담에 노력을 기울였다. 이해찬 국무총리는 2007년 3월 7일 방북했을 때 김영남 북한 최고인민회의 상임위원장에게 주한 미국 대사 버시바우의 메시지를 전달했다. 미국은 북한을 공격할 의도가 없으며 북한이 핵프로그램을 포기할 경우 북한 정권의 생존을 보장할 준비가 되어 있다는 내용이었다(Chung C.H., 2014: 175). 2007년 6월 21일 이루어진 크리스토퍼 힐의 방북은 북미관계가 점차 나아지고 있다는 것을 의미했다. 이해찬 국무총리는 다음 날인 6월 22일 노무현 대통령에게 북한과의 정상회담에 관한 조언을 했고, 북한의 김정일 위원장은 한국과의 정상회담 개최를 최종 결정했다(Chung C.H., 2014: 184-5).

2007년 10월 3일 오전에 열린 1차 회의에서 노 대통령은 한반도의 평화뿐 아니라 남북의 경제적 공동 번영의 중요성을 강조했다. 한반도에서의 평화는 남북한의 상호 신뢰에 기반을 둔 화해를 통해서만 성취할 수 있고, 한민족의 미래를 위해 남북 경제협력의 강화가 필수적임을 역설했다. 이에 김 위원장은 남북 간 군사적 적대 상황을 제거하는 것이 한반도 평화 구축을 위한 전제조건이며, 그 이후에 종전협정과 평화협정으로의 전환이 가능하고, 서해는 평화적 공동어로수역이 되고, 경제협력사업이 남북한의 공동 번영을 위한 기반이 될 수 있다고 응답했다(Chung C.H., 2014: 218-220, 222). 당일 오후 제2차 회의에서 노 대통령은 북방한계선(NLL) 문제 해결을 위해 안보군사지도 대신 평화경제지도를 만들 것과 서해평화협력지대를 제안했고, 양 정상은 마침내 서해상에 평화협력지대를 만드는 것에 동의했다(Cho G.J., 2013: 70-71; Chung C.H., 2014: 241-44).

(2) 협력 실패

10.4 남북정상선언은 2008년 이명박 정부 출범 이후 백지화되었다. 김대중·노무현 정부와 달리 이명박 정부는 북한에 대해 강경 노선을 택했고, 남북경제협력의 확대는 북한이 핵프로그램을 포기할 때만 가능하다고 밝혔다. 남북관계는 다시 냉각기에 들어갔고, 2009년 5월 25일 북한의 제2차 핵실험 이후 상황은 더욱 악화되었다(Chang, 2016: 146). 이명박 정부는 햇볕정책의 실패를 선언했고, 북한은 다시 한국을 비난했다. 이렇게 남북이 서로를 비난하게 된 원인은 무엇인가?

무엇보다 상대방에 대한 남북한의 부정적 인식이 주요 원인이었다. 북한은 한국의 '비핵·개방 3000' 구상에 처음부터 반대했다. 이명박 정부는 정권 초기에 북한이 핵프로그램을 포기하는 결단을 내리면 북한 경제가 10년 내 1인당 국민소득 3,000달러를 달성할 수 있도록 지원할 것이라고 제안했다. 그러나 북한은 한국의 '핵포기 우선' 요구가 '선전포고'일 뿐이라며 강력히 비난했다(〈로동신문〉 2008년 4월 7일, Kim G.-d., 2012: 224에서 인용). 이명박 대통령의 대북 인식은 대단히 부정적이었다. 그는 북한이 햇볕정책의 진의를 오용했기 때문에 더 이상의 햇볕정책 추구는 무의미하다고 판단했다(Lee M-b, 2015: 303).

이뿐 아니라 남북한의 제도화된 의지 역시 선언의 실패에 영향을 미쳤다. 북한은 핵프로그램 개발을 지속했고, 남한은 '비핵·개방 3000'정책을 지속적으로 주장했다. 전체적으로 남북한의 적대적 상호작용은 주로 북한의 도발적 행동에 기인했고,[11] 그와 동시에 남북관계는 다시 장기 갈등관계로 회귀했다 (Chang, 2016: 147).

경험적 교훈

위의 사례들은 남북한의 협력이 매우 어렵다는 것을 보여준다. 사례연구를 통해 우리는 남북한이 상호 협력과 신뢰를 구축하고, 군사적 긴장을 완화하고, 한반도 내 전쟁 재발을 방지하고, 공동의 이익을 제고하고, 통일을 달성하기 위한 시도와 노력을 보았다. 그러나 그 시도들은 남북한의 서로에 대한 부정적 인식뿐 아니라 제도화된 의지로 인해 실패하고 말았다는 사실도 알 수 있었다.

2) 남북의 장기 갈등 해결을 위한 이론적 전망

브레처(2016: ch.12)는 앙숙관계 해결의 6가지 기본 요인으로 ① 피로감, ② 양국 간 국력 균형의 변화, ③ 갈등 해결을 향한 국내적 압력의 증대, ④ 갈등 해결을 위한 외부 압력의 증대, ⑤ 목표 상충 정도의 약화, ⑥ 갈등을 지속시키는 행위의 감소를 제시한다. 그에 따르면, 각각의 요인은 갈등 종식을 위한 충분조건이 되므로 이 가운데 어느 것도 장기 갈등을 종결시킬 수 있는 요인이 될 수 있다.

지금부터는 위의 6가지 요인을 좀 더 자세히 살펴보고 남북한의 장기 갈

11 대표적인 사례로 금강산 관광객 피격 사망 사건(2008. 7. 11)과 서해북방한계선 관련 북한의 위협(2008. 10. 9)이 있다.

등 종식 가능성을 전망할 것이다.

(1) 피로감

갈등 해소의 첫 번째 요인은 많은 국민들이 그동안 겪었던 장기 갈등에서 오는 물리적이고 심리적인 '집단적 피로감'이다. 만약 장기 갈등의 당사국들 국민들이 온갖 유형의 피로감을 경험한다면 장기 갈등의 종료 가능성이 매우 커질 것이다.

남북한의 장기 갈등은 무려 70년 이상 지속되었음에도 불구하고, 남북한은 피로감을 드러낸 적이 별로 없었다. 북한 주민들은 오랫동안 어려움을 견뎌왔지만, 이는 남북한의 장기 갈등이 아니라 북한의 경제적 어려움에서 비롯된 것이었다. 실제로 집단적 피로감이 있었다 하더라도 그것이 분출될 수 있는 사회가 아니다. 한국의 경우에는 북한의 핵실험(2006, 2009, 2013, 2016)과 미사일 발사로 몇 차례의 스트레스 상황을 경험했지만, 북한과의 장기 갈등으로 사회 전체가 집단적 피로감에 빠졌다고 볼 수 있는 상황은 없었다. 남북한의 주민들은 장기 갈등에서 오는 집단적 피로감을 발견할 수 없었기에 피로감으로 인한 장기 갈등의 종료 가능성은 높지 않아 보인다.

(2) 양국 간 국력 균형의 변화

국력의 균형 변화는 장기 갈등을 겪는 두 국가 사이에 그동안 균형을 이루어왔던 국력[12]이 질적으로 변화하는 것을 말한다. 국력은 일반적으로 정치

12 인적 그리고/혹은 물리적 역량 모두를 포함한다.

적 리더십, 군사력, 동맹국, 경제력 등으로 구성된다. 남북한은 장기 갈등이 시작된 이래 국력의 균형이라는 측면에서 두 종류의 극적인 변화를 경험했다. 첫 번째 변화는 1970년대 이후 한국의 두드러진 경제발전이다. 그 결과로 한국은 만족할 만한 생활수준을 누리고 있어 전쟁을 먼저 도발할 가능성은 거의 없다. 두 번째 변화는 북한의 핵무기 보유이다. 그러나 주한미군이 있고, 한국에 대한 미국의 확장억제정책, 필요 시 동원 가능한 미국의 핵능력 등이 있어 북한의 전쟁 도발 가능성을 억제하고 있다.

이러한 맥락에서 볼 때 장기 갈등의 구조에서 국력-균형의 변화가 있긴 했지만, 남북한 장기 갈등을 종식시키는 중요한 요인은 되지 못하고 있다.

(3) 갈등 해결을 향한 국내적 압력의 증대

셋째 요인은 갈등 종식을 원하는 국내적 압력이다. 권위주의체제하에 있는 북한의 주민들이 갈등 종식을 촉구하며 내부 압력을 가할 가능성은 매우 적다. 그러나 남북한이 화해를 시도한 역사적 사건들(예: 7.4 공동성명(1972), 남북기본합의서(1992), 6.15 공동선언(2000), 10.4 정상선언(2007))을 살펴보면 북한 역시 갈등 종식을 향한 내부적 압력이 있었음을 추론할 수 있다. 한국에서는 1970년대 초 이후 갈등을 종식하려는 열망을 표명하며 화해 시도를 지속적으로 전개했다. 특히 김대중과 노무현 정부에 걸쳐 지속적으로 추진한 '햇볕정책'은 북한과의 갈등을 해소하고 화해를 원하는 한국 사회의 열망을 반영하고 있었다. 문재인 정부에서도 남북관계 개선을 위한 다양한 노력이 이어졌다.

그러나 남북의 협력 시도는 계속 실패의 길을 걸었다. 그런 면에서 남북한 모두 장기 갈등 종식을 위한 실제적이고도 유의미한 내부 압력은 존재하지 않았다고 볼 수 있다. 결국 가까운 미래에 국내적 압력의 증대로 남북의 장기 갈등이 종식될 가능성은 낮아 보인다.

(4) 갈등 해결을 위한 외부 압력의 증대

넷째 요인은 장기 갈등 당사국들을 둘러싼 외부 압력이다. 한국전쟁 이후에 한반도에는 남북 갈등의 종식을 원하는 상당한 정도의 외부 압력이 존재해왔다. 주로 미국과 중국, 유엔이 행사한 외부 압력은 1993년 이후 남북 갈등뿐 아니라 북한의 대미 핵도발 문제에서도 집중되었다. 그러나 미국, 중국, 일본, 한국의 압력에도 불구하고 북한은 핵과 미사일 기술 개발을 멈추지 않았고 자신의 전략적 목표(예: 대미 공격력 강화)를 완수하려는 듯이 행동했다.

한편으로는 미국 역시 대북 갈등 해결을 촉구하는 중국과 러시아의 압력을 무시해왔다. 특히 2017년, 중국이 군사적 수단이 아닌 평화적·외교적 수단을 통해 한반도의 갈등을 해소할 것을 주장했을 때 미국은 도리어 북한을 더욱 강하게 위협했다. 고조되는 북한의 위협에 대응하여 한국도 미국과 함께 미사일 훈련(2017. 7. 29)을 실시하며 대북 강경책을 채택했다.

그동안 북한에 대한 주변국들의 외부 압력은 별 효력을 발휘하지 못했다. 따라서 남북의 장기 갈등이 외부 압력으로는 가까운 시일 내에 종식될 것으로 보이지 않는다.

(5) 목표 상충 정도의 약화

다섯째 요인은 갈등 국가 간 목표의 불일치 정도가 약화되는 것이다. 위에서 살펴본 바와 같이 장기 갈등은 해결되지 않은 문제들, 상충하는 목표, 중대한 이해관계 때문에 지속된다. 장기 갈등을 겪는 남북한의 중대한 목표 불일치 중 하나는 남북한의 상이한 통일 방안과 이념 문제이다.

남북한은 2000년 제1차 정상회담에서 남북의 통일 방안에 공통의 요소가 존재한다는 사실에 동의했음에도 불구하고 통일문제를 더 이상 진전시키지 못했다. 양립 불가능한 목표가 근본 원인이었다. 앞에서 살펴보았듯이, 북한은 느슨한 연방제를 연방제 달성을 위한 과도기적 전략으로 삼았던 데 반해, 한국은 민주주의에 기반한 통일을 추구했다. 통일은 공히 남북한의 장기적 목표였지만, 남북은 단 한 번도 이념적, 정치적, 경제적 차이와 이견을 좁히지 못했다.

그러므로 자신들이 추구하는 목표의 불일치를 조율하는 데 실패한 남북한 간의 장기 갈등은 종식 가능성이 높지 않아 보인다.

(6) 갈등을 지속시키는 행위의 감소

장기 갈등의 특징은 갈등을 지속시키는 행위, 곧 위협 행위와 무력 충돌의 반복적 재현이다. 상대방에 대한 위협은 언어에 의해 정치·외교적, 경제적, 군사적 위협으로 나타난다. 이러한 갈등 지속 행위가 줄어들 때 갈등 해결을 위한 징후들이 나타날 수 있다. 그러나 남북한은 2017년만 해도 북한의 다양한 위협 행위와 미국·한국의 위협(예: 대북제재) 등으로 갈등 지속 행위들을 고조시켰다. 이와 같은 상호 위협 행위는 문재인 정부가 유화적 대북 태도를 취한 뒤에도 지속되었다.

문재인 정부는 한국이 북한과의 '대화'를 열어놓고 있다고 표명했지만, 북한이 미사일 발사와 같은 갈등 지속 행동을 계속하고 있음을 고려할 때 한국의 유화정책이 언제까지 지속될 수 있을지 불투명하다. 따라서 남북한의 장기 갈등은 당분간 지속될 것으로 보인다.

이론적 전망

남북한의 장기 갈등은 앞으로도 당분간 지속될 것으로 보인다. 브레처가 제시하는 장기 갈등 해결을 위한 6가지 지표들 가운데 어느 하나도 긍정적인 부분이 발견되지 않기 때문이다.

3

맺는말: 갈등의 지속에서 협력의 성공으로

갈등

과거로부터의 경험적 교훈과 미래에 대한 이론적 전망 모두를 검토할 때 남북한의 장기 갈등은 상당 기간 지속될 것이다. 그렇다면 장기 갈등의 특성을 고려할 때 ① 남북관계에서 폭력적이고 적대적인 행위가 계속 일어날 수 있고, ② 촉발된 남북한의 갈등이 전면전으로 확대될 가능성이 여전히 존재하며, ③ 장기 갈등의 전체적인 과정이 남북한 모두에게 영향을 미칠 것이며, ④ 장기 갈등이 가져오는 사회·심리적 영향으로 일반인들뿐만 아니라 상대방에 대한 정책결정자들의 인식 또한 상당히 왜곡될 수 있음을 예상할 수 있다. 이러한 맥락에서 남한과 북한은 남북관계의 최우선 정책으로 갈등 해소를 선택해야 한다.

갈등 해소

남북은 갈등 해소를 위해 무엇을 해야 하는가?

첫째, 남북한 모두 통일문제에 집착하기보다 갈등 해소를 위한 교류와 협력에 집중해야 한다. 목표의 상충이 갈등 해소를 가로막는 핵심 요인이기 때문이다. 남북한은 모두 통일을 희망해오면서도 자신들의 이념과 정치체제에 기초한 통일만 고수했다. 이렇게 상이한 통일 방안으로는 상호 조정이 힘들 뿐 아니라 끝없는 갈등의 재생산만 초래할 수 있다.

둘째, 남북한은 갈등을 지속시키는 행위들을 즉시 멈추거나 감소시켜야 한다. 그러한 행위들은 갈등이 지속되는 상황을 만들 뿐 아니라 장기 갈등 구조를 고착화할 수 있다. 게다가 오인, 오산, 오판을 일으키는 촉매제가 되어 재앙적인 결과를 초래할 수 있다. 따라서 북한의 핵실험과 미사일 시험발사는 중지되어야 하고 그와 연동하여 한미연합군사훈련의 규모와 기간을 축소시키는 것이 바람직하다.

셋째, 남북한의 정책결정자들은 상대방에 대한 선입견을 갖지 않도록 해야 한다. 동시에 상대방이 이쪽으로부터 '끊임없는 위협을 인식'할 수 있는 존재임을 이해해야 한다. 상대방에 대한 정책결정자들의 객관적 인식이 오판 가능성을 줄일 수 있다. 공감을 통해 정책결정자들은 상대방이 갖고 있는 '두려움, 희망, 압박감, 제약'(Lebow, 1981: 139) 등을 정확히 읽어낼 수 있다. 이를 통해 상대국의 행동에 대한 과잉 대응을 피할 수 있다.

마지막으로, 상대방을 향한 제도화된 의지의 강화가 주의 깊게 진행되어야 한다. 상대방의 도발 때문에 제도화된 의지를 강화하게 된다 하더라도 상대방은 새롭게 강화되는 제도화된 의지를 그들을 향한 새로운 위협으로 인식하게 되어, 결국 적대적인 상호작용의 악순환에 빠지게 된다. 북한의 핵프로그램 개발과 그에 따른 최첨단 무기체계를 갖춘 한미연합군사훈련은 적대적 악순환의 전형적 유형일 수 있다. 왈츠(Waltz, 1993:75)가 시사하듯 남북한 각각의 제도화된 의지는 '그들의 적이 만든 것이다.'

협력

장기 갈등을 겪는 국가들 간에도 협력은 가능한가? 콜라레시 등(Colaresi et al., 2008: 14)은 전략적 대립 국가들도 분쟁만을 계속하지는 않으며 '협력 기간'도 존재한다고 주장한다. 챈(Chan, 2013)에 따르면, 동북아시아의 숙적관계에 있는 국가들 간에도 경제적 협력이 가능할 수 있다. 에이자(Azar, 1986: 30) 또한 가장 심각한 갈등 상황 속에서도 "분쟁 사건들과 협력적 사건들은 공존한다"고 주장한다.

이제까지 남북한의 협력은 그다지 성공적이지 못했다. 그 이유는 상대방에 대한 정책결정자들의 부정적 인식, 상대방을 향한 제도화된 의지, 상대방과의 협력을 이행하려는 강력한 의지의 결여 때문이었다. 협력을 기대한다면 남북한의 정책결정자들이 ① 남북한의 협력이 용이한 문제는 아니며, ② 협력의 실패는 남북한의 장기 갈등을 악화시킬 뿐이고, ③ 따라서 협력협정의 체결뿐 아니라 성공적인 이행이 지극히 중요하다는 점을 명심해야 할 것이다.

- Atkeson, E. B., 1976, 'The Impact of Crisis on the Evolution of Strategy and Forces in an Era of Detente' in US Army War College, (ed.), National Security and Detente, New York: Thomas Y. Crowell Company
- Azar, E., 1990, The Management of Social Conflict, Hampshire, NY: Dartmouth
- _____, 1986, 'Protracted International Conflicts: Ten Propositions' in Edward E. Azar and John W. Burton, (eds), International Conflict Resolution: Theory and Practice, Sussex: Wheatsheaf Books
- _____ and N. Farah, 1981, 'The Structure of Inequalities and Protracted Social Conflict: A Theoretical Framework', International Interactions 7, no. 4
- _____, P. Jureidini and R. Mclaurin, 1978, 'Protracted Social Conflict', Journal of Palestine Studies VIII, no. 29
- Bar-Tal, D., 2015, Intractable Conflicts: Socio-Psychological Foundations and Dynamics, Cambridge: Cambridge University Press
- _____, 1998, 'Societal Beliefs of Intractable Conflict', International Journal of Conflict Management 9
- Brecher, M., 2016, World of Protracted Conflict, New York: Lexington
- _____, 2008, International Political Earthquake, Ann Arbor: University of Michigan Press

- _____, 1984, 'International Crises and Protracted Conflicts', International Interactions 11, no. 3-4
- _____ and J. Wilkenfeld., 1989, Crisis, Conflict and Instability, Oxford: Pergamon Press
- Burton, J., 1986, 'The Procedures of Conflict Resolution' in Edward E. Azar and John W. Burton, (eds), International Conflict Resolution: Theory and Practice, Sussex: Wheatsheaf Books
- Chan, S., 2013, Enduring Rivalries in the Asia-Pacific, Cambridge: Cambridge University Press
- Chang, K. R., 2017, 'Accommodation in a Long-term conflict: The October 4 Declaration (2007)', The Journal of Humanities and Social Sciences 21 8, no. 1
- _____, 2016a, 'The Inter-Korea Long Term Conflict, 1994-2014', Journal of Northeast Asian Studies 21, no. 4
- _____, 2016b, 'The First Inter-Korea Summit Meeting, 2000: An Explanation based on the Long-Term Conflict Theory', The Journal of Humanities and Social Sciences 7, no. 6
- _____, 2009, 'Constructivist Approach in Resolving Protracted Conflict', Oughtopia 24, no. 2
- _____, 2007a, 'An Assessment of the Inter-Korea Summit Meeting in 2007', The Journal of Asia/Pacific Research 14, no. 2

- ____, 2007b, 'Foreign Policy Decision-Making in a Protracted Conflict: India/Pakistan, 1947-2000', Military History 64
- ____, 1996, 'Foreign Policy Decision-Making in a Protracted Conflict: 1948-1993', Ph.D. Dissertation, McGill University
- Cho, G. J., 2013, Text and Commentary: the Dialogue between Roh Moo-hyun and Kim Jong-il, Seoul: chogabje.com
- Chung, C. H., 2014, Inter-Korean Summit Meeting, Seoul: Sun-in
- Colaresi, M. P., 2005, Scare Tactics: The Politics of International Rivalry, Syracuse: Syracuse University Press
- ____, 2004, 'When Doves Cry: International Rivalry, Unreciprocated Cooperation and Leadership Turnover', American Journal of Political Science 48, no. 3
- ____, 2001, 'Shocks to the System: Great Power Rivalries and the Leadership Long Cycle', Journal of Conflict Resolution 45, no. 5
- ____, and W. R. Thompson, 2002, 'Strategic Rivals, Protracted Conflict, and Crisis Behavior, Journal of Peace Research, 39(3)
- ____, K. Rasler, and W.R. Thompson, 2008, Strategic Rivalries in World Politics: Position, Space, and Conflict Escalation, Cambridge: Cambridge University Press
- Crocker, C.A., Hampson, F. O., and Aall, P., 2004, Taming Intractable Conflicts: Mediation in the Hardest Cases, Washington, D.C.: US

Institute of Peace Press

- Diehl, P., 1985, 'Armaments without War: An Analysis of Some Underlying Effects', Journal of Peace Research 22, no. 3
- Diehl, P and G. Goertz, 2000, War and Peace in International Rivalry, Ann Arbor: University Of Michigan Press
- Gochman, C. S. and Z. Maoz, 1984, 'Militarized Interstate Disputes, 1816-1976', Journal of Conflict Resolution 28, no. 4
- Goertz, G. and P. Diehl, 2005, 'Maintenance Processes in International Rivalries', Journal of Conflict Resolution 49
- _____, 2000, '(Enduring) Rivalries' in M.I. Midlarski, ed., Handbook of War Studies II, Ann Arbor: University of Michigan Press
- _____, 1992, 'The Empirical Importance of Enduring Rivalries', International Interactions 18, no. 2
- Hensel, P., 1999, 'An Evolutionary Approach to the Study of Interstate Rivalry', Conflict Management and Peace Science 17(Fall)
- _____, G. Goertz, and P. Diehl, 2000, 'The Democratic Peace and Rivalries', Journal of Politics 62, no. 4
- Hill, W., 1990, 'Persistent Cyclical Conflict By Way of a Time Lagged Logistic', International Interactions 16, no. 1
- Huth, P., 1996, 'Enduring Rivalries and Territorial Disputes, 1950-1990', Conflict Management and Peace Science 15, no. 1

▪ _____, and B. Russett, 1993, 'General Deterrence Between Enduring Rivals', American Political Science Review 87, no. 1
▪ Ikle, C., 1991, Every War Must End, New York: Columbia University Press
▪ Karen, R. and W. Thompson, 2000, 'Explaining Rivalry Escalation to War: Space, Position, and Contiguity in the Major Power Subsystem', International Studies Quarterly 44, no. 3
▪ Kim, G-d, 2012, Foreign Policy and External Relations of North Korea, Seoul: Myung-in culture
▪ Kriesberg, L., 1995, 'Intractable Conflicts', Paper presented at the conference organized by the Tami Steinmetz Center for Peace Research at Tel-Aviv University, Israel
▪ Lebow, N., 1981, Between Peace and War, Baltimore: MD: Johns Hopkins University Press
▪ Lee M-b, 2015, The President's Time: 2008-2013, Seoul: RH Korea
▪ Leng, R., 2000, Bargaining and Learning in Recurring Crises: The Soviet-American, Egyptian-Israeli, and Indo-Pakistani Rivals, Ann Arbor: University of Michigan Press
▪ Maoz, Z and B. Mor., 2002, Bound by Struggle, Ann Arbor: University of MIchigan Press
▪ Midlarsky, M. I., 1992(March 31-April 4), 'Polarity and Enduring

Rivalries', Paper for the Roundtable entitled 'Theoretical Perspectives on Enduring Rivalries,' International Studies Association Convention, Atlanta, Georgia

- Morrow, J. D., 1989, 'Bargaining in Repeated Crises: A Limited Information Model," in Peter C. Ordeshook, ed. Models of Strategic Choices in Politics, Ann Arbor: The University of Michigan Press
- Park, J. M., 2003, 'Reciprocity between North and South Korea, 1998-2002', The Korean Journal of International Relations 43, no. 1
- Rasler, K., 2002, 'Political Shocks and the De-Escalation of Protracted Conflicts: The Israeli-Palestine Case', in W. R. Thompson, ed. Evolutionary Interpretations of World Politics, New York: Routledge
- Rothman, J., 1992, From Confrontation to Cooperation: Resolving Ethnic and Regional Conflict, London: SAGE
- Schrodt, A., 1981, 'A Mathematical Model of the Persistence of Conflict', International Interactions 8, no. 4
- Shin, J., 2003, 'Korea's Sunshine Policy and Its Structural Limits', The Korean Journal of International Relations 43, no. 1
- Smith, A., 1986, 'Conflict and Collective Identity' in Edward E. Azar and John W. Burton, (eds), International Conflict Resolution: Theory and Practice, Sussex: Wheatsheaf Books
- Song, J. H., 2007, North Korean Negotiating Behavior, Seoul: Oreum

- Suh, D. S., 2002, 'Prospects for North Korean regime' in Suh D. S., et al. (eds.), North Korea after the Summit Meeting, Seoul: IFES
- Thompson, W., 2001, 'Identifying Rivals and Rivalries in World Politics', International Studies Quarterly 45
- Valrerino, B., 2013, Becoming Rivals: The Process of Interstate Rivalry Development, New York: Routledge
- Waltz, K., 1993(Fall), 'The Emerging Structure of International Politics', International Security 18, no. 2
- Williams, T. and M. McGinnis, 1992, 'The Dimension of Superpower Rivalry: A Dynamic Factor Analysis', Journal of Conflict Resolution 36, no. 1
- Rodong Sinmun, 2000. 9. 27., 2008. 4. 7.

저자

구갑우

서울대학교 정치학 박사. 북한대학원대학교 교수

주요 저서 및 논문: 《비판적 평화연구와 한반도》, 《국제관계학 비판: 국제관계의 민주화와 평화》, 《아일랜드 평화 프로세스와 한반도》(공저), 〈The Discursive Origins of Anti-Americanism in the Two Koreas〉, 〈북한 '핵담론'의 원형과 마음체계, 1947년-1964년〉, 〈북한 소설가 한설야(韓雪野)의 '평화'의 마음(1), 1949년〉, 〈평창 '임시평화체제'의 형성 원인과 전개〉, 〈두 '평양시간': 북한 문학에 투사된 북한 특유의 시간과 마음〉 등

김학재

서울대학교 사회학 박사. 서울대학교 통일평화연구원 HK교수

주요 저서 및 논문: 《판문점체제의 기원》, 《글로벌 냉전과 동아시아》(공저), 《꿈의 사회학》(공저), 《한국인의 평화사상》(공저), 〈사회적 평화와 한반도 평화 프로세스〉 등

요헨 프란츠케(Jochen Franzke)

독일 포츠담대학교 정치학 박사. 포츠담대학교 교수. 포츠담대학교 지방정부학연구소 위원

주요 저서 및 논문: Co-Editor, Book Series Palgrave Studies in Sub-National Governance

장경룡

캐나다 맥길(McGill)대학교 정치학 박사. (전) 광주여자대학교 교수

주요 저서 및 논문: 〈북미 핵 장기 갈등〉, 〈장기 갈등의 남북한, 1994-2014〉, 〈Bombardment of Yeonpyeong Island: An Analysis based on Protracted Conflict Theory〉, 〈장기 갈등의 구성주의적 종료〉, 〈장기 갈등국가의 외교정책: 인도/파키스탄, 1947-2000〉 등

주링이(朱凌毅)

대만 국립대만대학교 박사. 국립대만대학교 지리학과 박사연구원

주요 저서 및 논문: 'How to Restart through the Body of the 'Others' in Taiwan?', The International Encyclopedia of Geography: People, the Earth, Environment and Techonology(공저)

질리언 와일리(Gillian Wylie)

영국 애버딘대학교 박사. 아일랜드 트리니티칼리지 더블린 국제평화학 조교수

주요 저서 및 논문: The International Politics of Human Trafficking, 'Reflexivities of Discomfort; Researching the Sex Trade and Sex Trafiicking in Ireland'(공저) 등

역자

박정언(2장)

런던대학교(UCL) 박물관학 석사. 부산시립박물관 교육홍보팀 학예연구사

역서: 《편견과 싸우는 박물관》(공역)

오창현(6장)

서울대학교 인류학 박사. 국립민속박물관 학예연구사

역서: 《청바지 인류학》(공역), 《증여의 수수께끼》, 《지구화 시대의 문화정체성》(공역) 등

윤종석(3장)

서울대학교 사회학 박사. 서울대학교 아시아연구소 동북아센터 선임연구원

'중국 및 동아시아의 질서 및 사회 변동', '이주와 시민권' 등을 연구 중

이하얀(1장)

서울대학교 인류학 박사과정. 중국 푸단대학교 문화유산 및 박물관학과/고고학과와 서울대학교 인류학과 석사. 전 국립민속박물관 학예연구원

역서: 《청바지 인류학》(공역)